JN058803

こんなにおもしろい
# 探偵業の仕事

金澤 秀則
*HIDENORI Kanazawa*

*Detective business*

中央経済社

## はじめに

悲しいことですが，どなたでも問題や悩み事を抱えて生きています。それは，夫婦間のいざこざ，子供の進学問題・結婚問題，会社の人間関係，異性間のトラブル等さまざまです。問題の深刻度が深いほど，精神的・肉体的なダメージは大きくなります。

普段から自己防衛に心がけ，何事も自分で対処できれば問題はありません。ところが，現代社会が抱える問題は複雑で深刻なものが多く存在します。個人の力だけで解決できることは少なく，専門家の助言・手助けがなくては解決できない事案が多数あります。

問題の解決を後回しにし，自らの手では解決できなくなり，家出や失踪で現実から逃避したり，宗教活動にのめり込んだり，なかには自らの生命を絶ってしまう方がいることも事実です。

人生には，さまざまな局面に予期せぬ出来事が待ち構えています。問題に直面したときにどう対処するかでその方の真価が問われます。自分で対処できなければ，対応できる人間の能力を借りれば良いのです。

身動きできない状態になる前に，その問題から逃避せず，積極的に解決する方法を探ることが望ましいといえます。

日本の警察は刑事事件（詐欺罪，傷害罪，窃盗罪）には介入できますが，民事のトラブルには介入できません。そのような時，頼りになるのは一般的には家族，友人，知人，同僚です。しかし，その方たちを巻き込んだトラブルの場合にどう対応するか。その時は法律の専門家である弁護士，調査の専門家である探偵社（調査会社）に依頼すべきです。

弁護士を知らないという方は少ないと思いますが，「探偵」「調査会社」「調査員」を知らない方は多いでしょう。少なくとも，直接会ったことも話したこともないと答える方がほとんどではないでしょうか。小説，テレビ，映画で登場する「探偵」は，頭脳明晰，容姿端麗な美男，美女が多くいます。現実の調査員，探偵は美人の秘書も，美男子のアシスタントもいないごく普通のビジネスパーソンばかりです。

〈現役当時の児玉道尚〉

本書では，「探偵社」「興信所」「調査会社」「情報会社」等さまざまな呼び方で表現されている調査業界のなかから，探偵業を中心に解説していきます。何となく暗いイメージが伴う業界を，１つの産業と認知していただきたいと考え，「探偵業」と紹介させていただきます。

なぜなら，顧客から依頼される事案は個人の調査ばかりではなく，法人絡みの案件が半数以上です。つまり，「探偵業」はビジネスの世界でも必要とされる業界になっているのです。

まだまだ一般の方には認知されていない業界ですが，「調査会社（探偵社）」の活動とそこで働く「探偵」の仕事を分かりやすく紹介したいと思います。

本書で紹介している探偵は，決して目立つこともなく，依頼者が必要とする情報を秘密裏に収集し，問題を解決することに使命感を持って立ち向かっている「調査のプロ」ばかりです。

皆さんが抱えている問題を解決するパートナーとしての「探偵」をご理解いただき，問題解決の一助となればと考え，本書を刊行致しました。

本書を刊行できたのは，調査業界に携わる多くの方々のご協力，助言を得たことに依っています。（一社）日本調査業協会理事，（一社）東京都調査業協会理事の皆様からは貴重なご意見を頂き，この欄を借りて御礼申し上げます。元警察庁長官　山田英雄先生からは，協会の健全化のために多大な助言，ご指導を常日頃いただきました。元国家公安委員長　小野清子先生からは，さまざまな形で薫陶を受けており，感謝の念を禁じ得ません。

最後に私の恩師であり，調査業界の重鎮でもあった亡き児玉道尚所長には，私をこの業界に導いていただいたばかりか，公私にわたりご指導頂きました。なんとかまとまった本を刊行できたのも，先生のご指導のお陰です。

すべての協力者の方のお名前をあげることはできませんが，本書が探偵業界の発展の一助となることをお祈りし，重ねて厚く御礼申し上げる次第です。

本書は「こんなにおもしろい調査業の仕事」を一部改訂し，より充実した内容に仕上げました。

令和2年12月

**金澤　秀則**

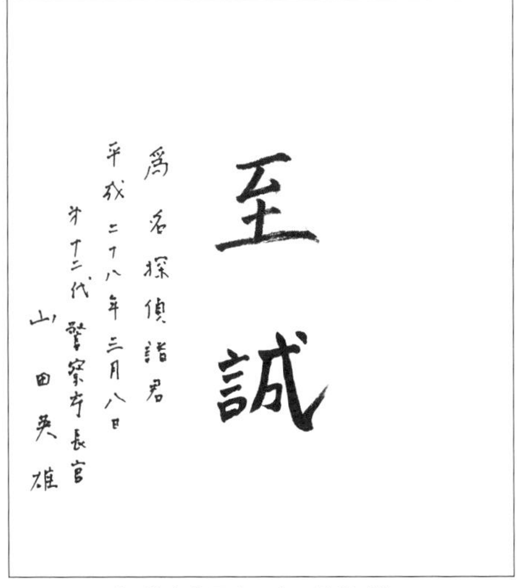


〈元警察庁長官　山田英雄 筆〉

# 推　薦　文

残念なことですが調査業界では近年，業界の信頼を揺るがす事件が発生しています。それにつれてメディアや社会から，厳しいご批判，意見が寄せられています。このようなときだからこそ，調査業界の実態について皆様に広く知って頂き，調査業界に対する信頼を回復したいと考えていました。

このようなときに，金澤秀則氏から本書の企画について相談を受けました。金澤氏の勤務する児玉総合情報事務所は，昭和 23 年に創業された業界でも屈指の歴史ある調査会社です。金澤氏は先代の故児玉道尚先生のご遺志を受け継ぎ，㈱児玉総合情報事務所の代表取締役社長として活躍されています。また，同氏は一般社団法人 東京都調査業協会の主要メンバーとしてさまざまな業務に取り組み，人望も厚く若手経営者のリーダー的存在です。探偵業務試験の認定資格を有しており，業界内でも頼りにされている人物です。業界に入り今日に至るまで，児玉総合情報事務所並びに一般社団法人東京都調査業協会の発展・健全化に最前線で取り組んできた人物であるといえます。まさに，本書の執筆に相応しい人物といえるでしょう。

さらに，金澤氏が経営している児玉総合情報事務所は，経験豊かな警察 OB が顧問として多数在籍し，見識ある顧問のご指導のもと，反社会的勢力への対策にも力を注いでいる規範的な事務所であります。そのうえ，金澤氏はたいへん意志が強く，調査業界の健全・発展に関心が深い人物であります。その金澤氏が今回調査業界に関する本を刊行するというお話をうかがい，共に業界を支える者として，本書を推薦申し上げたいと思います。

最後になりましたが，調査業界に従事する方は，本書を是非お読み頂きたいと思いました。そして，「一般社団法人 日本調査業協会」の行動規範でもある倫理綱領並びに自主規制の尊守徹底に努め，調査業界が社会から広く認知され，発展するよう努めて頂きたいと願っております。

平成30年2月

一般社団法人 日本調査業協会 前会長
**菊池　秀美**

一般社団法人 日本調査業協会倫理綱領

一、職責自覚
会員は、業務の社会的使命を自覚して、職務を誠実公正に行うと共に国民生活に寄与するよう心掛けなければならない

二、信義誠実
会員は、調査は誠実に行って、正確を期し、料金は適正とし業者としての信義を重んじなければならない

三、法令遵守
会員は、業務の遂行に当たっては常に法令を遵守すると共に、社会常識を逸脱することのないようにしなければならない

四、人権尊重
会員は、常に人権の尊重、擁護に配意し、他人の名誉権益を毀損したり、差別に係わる調査を行ったりしてはならない

五、秘密保持
会員は、業務上知り得た人の秘密をみだりに他人に漏洩したり発表してはならない

六、自己研鑽
会員は、常に人格を磨き、業務の知識技能の向上に努めなければならない

七、融和協調
会員は、相互に融和協調を計り、団結して業界の発展に努めなければならない

## 推　薦　文

探偵業の根幹をなす「探偵業の業務の適正化に関する法律（通称　探偵業法）」は平成19年6月1日に施行されています。この法律が制定された経緯には，それまでに存在した探偵・調査業者・興信所などとおのおのに称していた，いわゆる調査業者が行う業務の姿勢に多くの国民から批判の声があり社会問題化したいきさつがありました。

探偵業法施行の効果と業界諸氏の努力もあって全体的に業務の改善が進み健全化が浸透しつつあります。しかしながら一部の業者に未だ探偵業法や関連する諸法令に抵触する行為があり非難の報道が散見されます。今後も健全化に向けて業界全体が一丸となって襟を正すことが必要で，適正な業務こそが国民から信頼され必要な存在と認識される所以と思います。

この度，会員である株式会社児玉総合情報事務所から探偵業務を題材とした本『こんなにおもしろい　探偵業の仕事』が出版されました。一般にはあまり知られていない探偵業務の実務面を中心に構成されており，日常的な探偵の仕事に興味を覚える内容の本です。

トラブルは未然に防ぐことが一番大切なことですが，一般の人にとっては防ぐことも自分で解決することもなかなか難しいと思います。不幸にしてトラブルに巻き込まれそうになったとき，経験の蓄積があり相談に乗ってくれる存在はとても大切です。

この本が，探偵の仕事をひろく知ってもらい探偵を必要とする皆さんの一助になることを期待しています。

平成30年2月

一般社団法人 東京都調査業協会 会長

**神谷　知宏**

# 推 薦 文

かねてよりお世話になっている児玉総合情報事務所から本を出版するということで楽しみにしていました。でき上がって来た原稿を拝読し，私には現実の社会や人間関係の一面を垣間見たように感じられました。

世の中では多くの人達がそれぞれの価値観や意見を持って生活を営んでいます。そしてそれら人々が入り混じり共存しているのが現実の社会だと思います。こうした現代社会は良好に発展する傍らで問題やトラブルが発生する要素をも必然的に孕(はら)んでいると言えるでしょう。

探偵会社はこれらの問題やトラブルを解決する手段となる情報を収集し提供することを業としていると承知しています。21 世紀は「個人」の時代と言われています。人間関係はより複雑化し今後ますます探偵業務の需要が高まると思われます。

しかし，探偵会社の業務が国民に正しく理解され周知されていないのが現在の状況ではないでしょうか。本書が探偵業務を必要とする人達の目にとまり，１人でも多くの皆さんに探偵業務の内容を知って頂き，また理解して頂ければと思っています。本書を出版する意義もまたそこにあるのではと思います。

平成 30 年 2 月

元 国家公安委員長

**小野　清子**

〈故児玉道尚と小野清子先生〉

## 推　薦　文

調査業界の健全化のために調査業法を立法化しようとする動きは，私の警察界からの退官（昭和 63 年）の前から少しずつ高まってきていた。

退官後，調査業に関係していた警察 OB から具体的な動きについて直接伺ったこともあり，その後の動向についていささかの関心を持って見守っていたが，実際に議員立法で芽が出たのは，平成 18 年に制定，同 19 年に施行された「探偵業の業務の適正化に関する法律」（平成 18 年 6 月 8 日法律第 60 号）であった。

法律の実施のために設立された「日本探偵調査業会」は，当初約 600 社の事業体が加盟していたようだが，今では 180 社の事業体を数えるのみになってしまったということである。

アウトサイダーの多い業界では，その健全な発展を維持することはしばしば困難な状況に陥りがちである。もともと探偵業は「他人の依頼を受けて，特定人の所在又は行動についての情報であって当該依頼に係るものを収集することを目的として面接による聞込み，尾行，張込みその他これに類する方法により実地の調査を行い，その調査の結果を当該依頼者に報告する業務（探偵業法第 2 条第 1 項）」を行うものであるが，それは捜査機関である警察がその責務を全うするために現場で行う基本的な活動と同様なものであり，両者はまさに表裏一体のものと言える。

〈現役当時の山田氏〉

したがって，今，調査業界の一層の発展を期するためには，日本調査業協会の事務局の機能を充実強化して，警備業法（昭和 47 年 7 月 5 日法律第 117 号）において警備業に対し，「警備指導教育責任者の選任」と「従業員に業務に関する知識及び能力についての学科試験及び実技試験による判定」を義務付けていることにかんがみ同種の義務の法制化を推進することが急務と思われる。

そのようにシステム化された運営を個々の調査業が実行して初めて，調査業は多くの顧客の期待に応えることができるのであって，この点についての調査業関係者の一段の奮起がつよく期待される。

平成 30 年 2 月

第 12 代　警察庁長官
**山田　英雄**

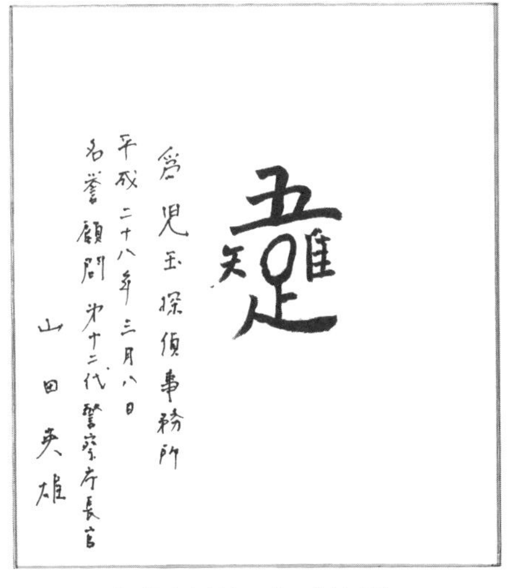

〈元警察庁長官　山田英雄 筆〉

〈特別顧問　山田英雄〉

# 目　次

## 第2章　探偵社の調査手法

## 第6章　法人からの調査依頼



## 第7章　個人からの調査依頼

＜資料＞



Column

# 序　章

# 調査会社（探偵社・興信所）の世界

調査会社（探偵社）を訪問される方々はごく普通の一般的社会人です。日常生活を営む過程において諸々の問題に遭遇し，困惑し悩みを抱えた人たちです。

はじめに，一般的に言われている調査業（会社）の分類について，概略を説明します。その点をご理解いただいたうえで，ご自身の悩みにふさわしい会社を探してください。

# 「探偵社」，「興信所」とは

調査業は，「探偵社」「興信所」に分類できます。業務内容はほとんど変わりませんが，公的機関への届出の有無，調査方法をどのように行うかで，この2社は分類されます。「探偵社」は設立に際し公安委員会に届出が必要です。また，調査手法は秘密裏に行われます。一方，「興信所」は設立時の届出は必要ありません。また，調査手法は基本的に公開資料だけを対象に調査します。

**＜調査会社の区分＞**

| | 区分 | 公安委員会への届出 | 調査方法 |
|---|---|---|---|
| 調査会社（調査業） | 探偵社（探偵会社） | 必要 | 秘密裏の調査が前提 |
| | 興信所 | 不要（届出を行えば，探偵業務が可能となる） | 基本は公開資料のみ |

直面されている問題の内容によって対処方法が異なることから，調査項目もそれに対応した選択を行うことになります。調査会社（探偵社・興信所）が行う主な調査項目には次のようなものがあります。

**主要調査項目**

①　素行調査

素行調査はある人物に関する行動の一部始終を年・月・日・時刻とともに記録し，証拠物（ビデオ，写真，音声録音等）を合わせ，さらに調査員が確認した接触人物・立寄先等の事実を正確に情報収集し報告する作業

② 取引先信用調査

M&A や新規取引先企業，役員・幹部について，経営状態・風評・資産及び負債関係等，社会的信用度，反社会的勢力チェックに関する調査

③ 社内調査

社員の勤怠管理，社内不正，企業情報漏洩対策，不良社員対策に関する調査

④ 身辺調査

結婚相手やある特定人の住所・勤務先・同居人・評判・日常行動や活動・人間関係・生活状況等の調査

⑤ 居所確認調査

不動産所得者の本人又は親族探索，行方不明者・家出人・音信不通者等の調査

⑥ 債務者実態調査

主に企業において債権回収や損金処理等に必要な経営実態，資産状況等の調査

⑦ 弁護士・法務全般の補助調査

商標違反実態調査，詐欺被害調査・フォレンジック調査・訴状不受理者に対する対応等

刑事，民事裁判に必要な証拠資料の収集等

## 2 探偵社はどのような方法で調査をするか

調査会社（探偵社・興信所）が行う代表的な調査項目は前述のとおりですが，探偵社の場合，これらの調査は一部を除き基本的には秘密裏に行われ調査相手に悟られないことが大切です。

一般的に調査依頼者は相手に調査していることを知られずに，その相手に関する必要な情報を入手できることになります。この「秘密裏に入手する情報」が，依頼者の悩みを解決する手掛かりやヒントに繋がります。

## 3 調査を依頼する探偵の選び方・頼み方

一般的には知人からの紹介やHP・広告から調査会社（探偵社・興信所）を調べて問い合わせる。もしあてもなく不安であれば，東京調査業協会などの業界団体に相談するのが，調査会社を選ぶ近道と思われます。その際に気をつけることは以下のとおりです。

### 1　調査会社（探偵社・興信所）を選定する段階では

電話をかける前に気をつけること

1　実体のない支店，支社を宣伝している会社（転送電話だけの場合が多い）は避けること。

2　電話の応対は専門会社（コールセンター等）に依頼していることもあるので，電話対応の善し悪しだけで，依頼する会社を選ばないこと。

3　調査金額の提示が，契約時に異常に安い会社，また逆に極端に高い会社は調査費用に問題があることが多い。

4　広告の表示がやたらと大きくかつ派手，更にはHPのアクセス数が異常に多い場合は，コストを必要以上に掛けているため，調査料金に反映されるケースがある。

5　相談に料金が発生するか（無料相談か）確認すること。

6　複数の会社に問い合わせをして，条件・信用度等比較し検討すること。

7　目安として業界団体（東京調査業協会・日本調査業協会等）に所属しているか確認すること。

8　信頼している人からの紹介も参考にすること。

9　専門家（弁護士・カウンセラー等）からの紹介も参考にすること。

調査会社に依頼の内容・目的を伝え相談できるか確認します。調査会社によっては専門があるため，実際に引き受けてもらえる内容か，事前相談は無料で引き受けてもらえるか等をしっかりと確認しておくようにしてください。調査会社によっては相談だけで，高額な費用が発生する場合があります。また同時に相談場所も決めておく必要があります。事由については後ほど詳しく解説します。

依頼する調査会社が決まりましたなら，事前に自分で関連資料を収集・整理し，依頼・相談時に備えておくことをおすすめします。

信頼している人の紹介であれば，優先的に考えていいでしょう。また，弁護士，公的カウンセラー等の専門家の紹介も同様に考えてよいでしょう。「探偵業届出証明書」の提示は必須であり，業界団体等に所属しているかは決定的な条件です。所属している会社であれば設立時に警察に届けていますし，また，定期的に指導・研修を受けています。さらに，不定期な業務調査を受ける義務があるなど，信頼性が極めて高いからです。

そもそも，探偵業届出をしていない探偵社に依頼することは，極めて危険な行為であり避けるべきでしょう。

以上の点を確認したうえで，候補会社との調査に関する事前打合せの方法，相談場所の決め方について説明したいと思います。

## 2　電話・オンライン相談時に話す重要事項

一般的には探偵社の調査料金は，着手金，実費費用，成功報酬に分かれていることが多いです。特に，成功報酬については計算方法，成功基準を確認しておくことが大事です。ちなみに，調査がうまくいかなくても，着手金は必ず請求され，実費費用も請求されることが多いのです。

また，諸事情によっては正式な契約を結ぶ前に，住所，氏名，連絡先等詳しく伝える必要はないので，適宜，相談者が判断して決めるようにするべきです。

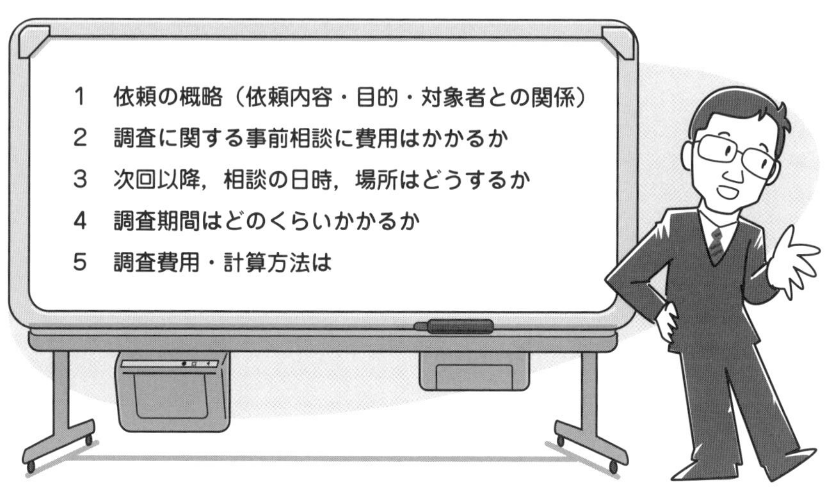


**探偵社の主な料金体系**

| | 料金の種類 | メリット | デメリット |
|---|---|---|---|
| 1 | 時間料金制 | 調査費用が分かりやすい | 調査期間を意図的に延ばしてくる可能性もゼロではない。 |
| 2 | パック料金制 | 割安になるケースが多い | 調査終了時に別途追加料金を請求される場合もある。 |
| 3 | 成功報酬制 | 調査に応じた費用を負担すればよい | 結果に関わらず調査が終了すれば，費用が発生する。かつ，成功の定義が料金トラブルの原因になるケースがある。 |

**調査費用の内訳**

| | 名称 | 内容 | 注意事項 |
|---|---|---|---|
| 1 | 着手金 | 着手金，相談料（ケースバイケース） | 必ず発生する費用 |
| 2 | 成功報酬 | 成功の程度に応じて支払額が決まる | 契約時の成功の定義による |
| 3 | 経　費 | 人件費，交通費，宿泊費，車両費（高速代，ガソリン代等），通信費，機材費等 | 調査時間，調査員の人数等，契約により変わる |
| 4 | 手数料 | 報告書，証拠の複製作成等 | ケースバイケース |

**調査料金の内訳**

| | 調査料金体系 | 構成 | 注意事項 |
|---|---|---|---|
| 1 | 時間料金制 | 1＋3＋4 | 必ず発生する費用 |
| 2 | パック料金制 | 1＋パック料金＋(3)＋(4) | (　) は確認が必要 |
| 3 | 成功報酬制 | 1＋2＋(3)＋(4) | (　) は確認が必要 |

## 3　調査会社との打合せはどこで行うか

－意外に重要な要素になる－

調査会社が相談場所にどこを指定してくるかは重要な点です。相談場所は依頼者の都合で決めたほうがいいと思います。詳しくはこれから説明したいと思います。

### ①　調査会社で行う

特別な事由がなければ調査会社の事務所で打合せをすることが望ましいと思われます。理由としては以下のとおりです。

＜欠点＞
(1)　正式な調査依頼をしない場合に断りにくい。
(2)　クーリングオフが適用されない。(2020年10月時点)
＊さらに，調査会社の建物に入る際には，他人に見られないよう充分気をつける必要がある。

＜利点＞
(1)　調査会社の社内の様子が分かる。（会社の雰囲気，セキュリティー状態等）
(2)　社員の対応，服装，態度などで様子が分かる。
(3)　建物の大小，社員数の多少にかかわらず，その会社の信用度を計ることができる。
(4)　周りに第三者がいないので，ゆっくり話すことができる。
(5)　打合せ中に相談内容が漏洩する可能性が低い。
(6)　自身の住所・連絡先を知らせないで済む。

② ホテルのロビー・喫茶店等の調査会社以外で行う

＜欠点＞

⑴ 調査会社の実態が無い，組織ができていないため，（見られたくない）見せたくないために選んだ可能性がある。

⑵ 調査会社の社員教育ができていないため，（見られたくない）見せたくないことがある。

⑶ 周りに人がいるため，詳しい話がしづらい。（特に，報酬の話はしにくい）

⑷ 調査会社員との打合せを見られる可能性がある。

＜利点＞

⑴ 自身の住所・連絡先を知らせないで済む。

⑵ 正式な調査依頼をしない場合，断りやすい。

⑶ 家庭内の様子を調査会社員に見られることが無い。

⑷ クーリングオフが適用される。（2020年10月時点）

等の理由から，打合せ場所を社外に選ぶことがある。

③ 依頼者の自宅で行う

依頼者にとってはあまり利点が無いので，できたら避けたほうがよいと思われます。理由としては以下のとおりです。

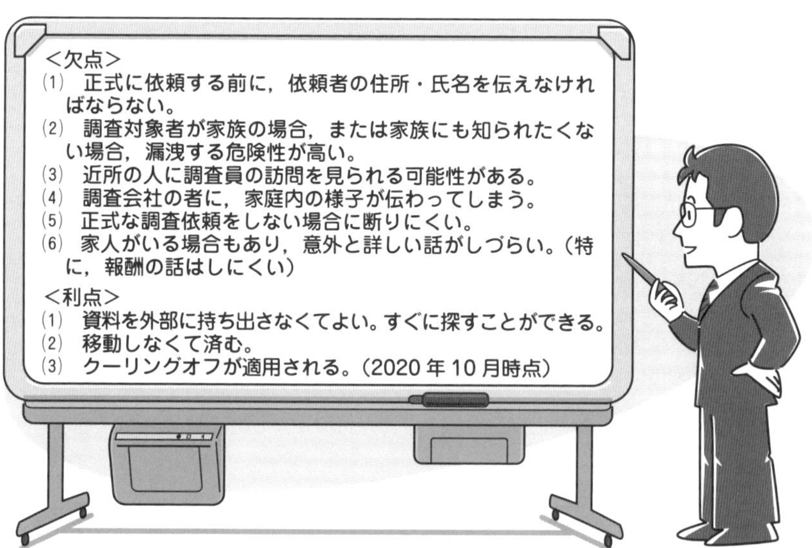

＜欠点＞
⑴ 正式に依頼する前に，依頼者の住所・氏名を伝えなければならない。
⑵ 調査対象者が家族の場合，または家族にも知られたくない場合，漏洩する危険性が高い。
⑶ 近所の人に調査員の訪問を見られる可能性がある。
⑷ 調査会社の者に，家庭内の様子が伝わってしまう。
⑸ 正式な調査依頼をしない場合に断りにくい。
⑹ 家人がいる場合もあり，意外と詳しい話がしづらい。（特に，報酬の話はしにくい）
＜利点＞
⑴ 資料を外部に持ち出さなくてよい。すぐに探すことができる。
⑵ 移動しなくて済む。
⑶ クーリングオフが適用される。（2020 年 10 月時点）

＊　依頼者の生活状態，資産内容，家族環境が分かってしまいます。そのため，調査費用に影響することがあります。このように，自宅での面談の際は家庭のことまで気を遣わなくてはならなくなるので，極力避けたほうがいいと思われます。ただ，身体的な事由で自ら動けない，家を空けることができない等の特別な事情がある場合は，細心の準備をしたうえで面談をするようにしてください。

依頼する調査会社が決まったら，自身の手許にどのような資料があるかを確認する必要があります。また，調査員に頼む調査には制限等があります。難しい資料の依頼をすれば，その分にも相当の調査費用が発生するため，事前に自分で集められる資料があれば，自身で整理されておくことをお薦めします。

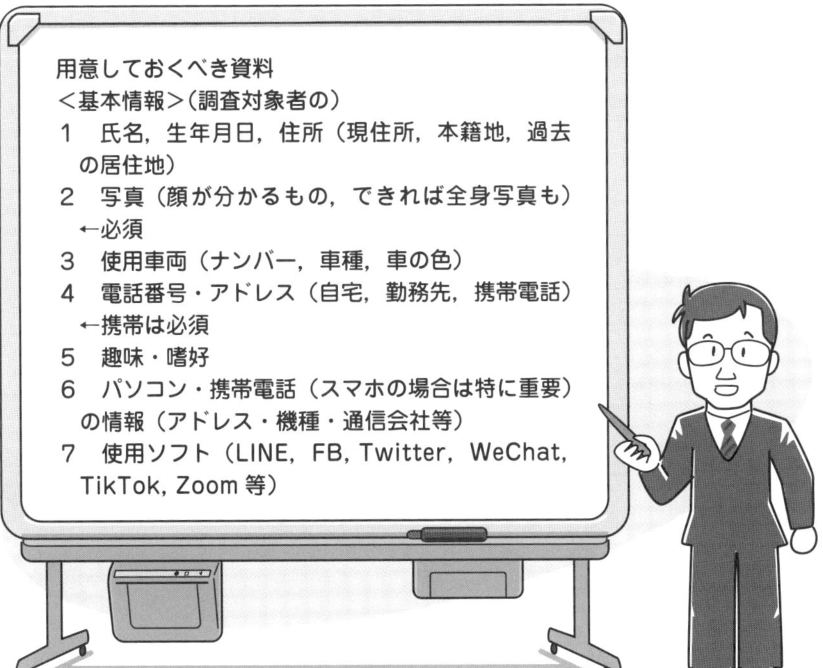

用意しておくべき資料
＜基本情報＞（調査対象者の）
1　氏名，生年月日，住所（現住所，本籍地，過去の居住地）
2　写真（顔が分かるもの，できれば全身写真も）←必須
3　使用車両（ナンバー，車種，車の色）
4　電話番号・アドレス（自宅，勤務先，携帯電話）←携帯は必須
5　趣味・嗜好
6　パソコン・携帯電話（スマホの場合は特に重要）の情報（アドレス・機種・通信会社等）
7　使用ソフト（LINE，FB，Twitter，WeChat，TikTok，Zoom 等）

［失踪者・家出人等の場合］

1　パスポート，保険証，キャッシュカード，免許証等の状況
2　所持金品
3　普段の衣類
4　書き置き，メモ等
5　学歴・職歴等
6　異性関係，友人関係，職場での人間関係（社会人の場合）
7　友人，学校での成績，トラブル，サークル活動等（学生の場合）
8　持病・かかりつけの病院（特に高齢者の場合）

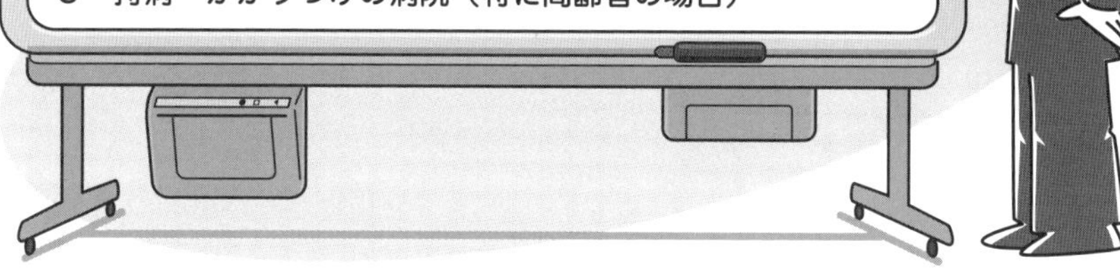

④　調査を決める際の重要事項

1　調査の目的と必要性を充分に確認すること。
2　依頼したい内容をまとめて，簡単なレポートを用意して面談すること。
3　調査対象者の写真（基本資料）は必ず用意すること。
4　依頼内容は事実と推測を明確に区分して，嘘偽りのない事実を伝えること。
5　調査方法・手段については専門家（調査会社）に任せること。
6　調査依頼したことは絶対に口外しないこと（親兄弟でも）。
7　調査報告書の受け取り方を決めておくこと（他の者に分からない受け取り方法）。
8　調査報酬（料金）・支払方法も必ず決めておくこと。
9　調査の参考資料となりそうな資料は全て持参（見せる）すること。
10　調査依頼契約書を作成すること（保管場所については厳重に注意する）。

### ⑤　調査会社との決定事項　まとめ

1　大前提であるが，調査会社を決める際に，私情を挟まず同情をも考慮せず決めたか。
2　調査金額（同業他社と比較して適切か（本書の７頁に一般的な料金体系・計算方法が明示されている））。
3　調査の目的に合った会社か。（調査会社にも得意分野，不得意分野がある）
4　調査依頼する内容について詳しい資料を要求されたか（基本資料を要求しない会社は調査するか疑わしい）。
5　調査依頼契約書（重要事項についての説明）を作成したか。
6　相談員調査員の応対は適切か，契約を急かす会社は避ける。
7　信頼できる人の推薦（紹介）がある。
8　専門家（弁護士・カウンセラー等）の推薦（紹介）がある。
9　調査業協会等に所属している会社か。
10「探偵業届出証明書」があるか。（提示をしていない会社との契約は危険である）

以上の点を確認したうえで，調査依頼契約書を作成し正式な調査を依頼するように。

## 4 探偵社に依頼するといくらかかるか

各社独自の料金設定があります。ここでは弊社の料金体系を例示します。

### ■調査別料金

| 調査の種類 | 調査内容 | 基本調査料金 |
|---|---|---|
| 張込み・尾行調査 | 社員の動向調査<br>(行動確認調査等) | 4時間 10 万円 |
| | | 延長（1時間）2～3万円 |
| 男女交際に関する調査 | 交際相手，配偶者の調査<br>(撮影作業等) | 4時間 10 万円 |
| | | 延長（1時間）2～3万円 |
| 家出・居所調査 | 生存有無の調査（家出人などの居所を明らかにする） | 諸経費 20～50 万円<br>＋成功報酬（要相談） |
| 身辺に関する調査 | 特定人の生活状況，交際関係，勤務先住所，同居人の評判等確認 | 基本調査５万円<br>詳細調査 15 万円～ |
| 弁護士・法務全般の補助調査 | 訴状不受理者の住居確認 | 1件３～５万円 |
| | 詐欺加害者の素行，実態確認 | 初期調査５万円<br>(その他要相談) |

〈令和２年 12 月　現在〉

■セット調査料金

| 調査の種類 | 調査内容 | 基本調査料金 |
|---|---|---|
| 社内不正調査 | 社員の勤怠管理，社内不正，企業情報漏洩対策（社員の行動確認調査等） | 初期調査５万円（その他要相談） |
| 法人・企業信用調査 | 法人内外信用調査（代表者信用調査及び風評・素行・反社会的勢力その他）（撮影作業等） | 初期調査５万円<br>追加調査１５万円～ |
| 犯罪各種調査 | 窃盗・詐欺・横領・ストーカー等の犯罪調査 | 15 万円～ |
| | DNA 鑑定・筆跡鑑定等 | 要相談 |
| 企業防衛・コンサルタント業務 | 企業脅迫等の対策（情報収集，機密漏洩対策，風評被害等） | 顧問契約制度あり（要相談） |
| 反社会的勢力調査（バックグラウンドチェック） | A 指定暴力団<br>B 過去の経済事件<br>C 凶悪事件等の関与確認 | A 2万円<br>B 5万円<br>C 10 万円～ |
| フォレンジック調査 | 会社貸与のスマホ・パソコンの証拠データの復旧 | 10 万円～100 万円（目安） |
| 盗聴・盗撮発見業務 | 個人宅，法人事務所・会議室等 | 5万円～30 万円 |
| 海外調査 | 企業の海外進出支援，相続問題調査，海外企業信用調査 | 初期調査５万円<br>その他要相談 |

〈令和２年 12 月　現在〉

探偵社とトラブルにならないノウハウ
①　契約書・料金表等をしっかり確認しておく
②　中間報告の確認をしておく
③　調査の進行範囲と度合いを把握しておく
④　料金支払の範囲を決めておく
探偵社の雰囲気，調査員の心構えを見る
①　責任感を持って調査に当たっているか
②　注意力・記憶力・観察力は確かか
③　誠心誠意任務に尽くしているか


以上が概略です。これから詳しく解説していきたいと思います。

Column

## 企業の不祥事と調査業者

企業と調査業との関係は古く，社員の素行・雇用調査や会社内のトラブル，使い込み，取引先企業や下請業者の信用調査，開発地区内の土地・建物の所有者調査，反社会的勢力との交際関係者の調査等々の依頼が数多くあります。

弊社事務所創立者の児玉道尚は，昭和 49 年に世界初の探偵養成学校「児玉総合情報事務所附設探偵警備士養成所」を創設しました。養成所では探偵を目指した生徒に対し，尾行，張込み，聞込み等の基本的なノウハウを教えるだけでなく，その当時から企業からの調査依頼をも想定した「カリキュラム」を取り入れていました。

その講義には，弁護士，税理士，公認会計士，行政書士等の方々を講師に招き，商法，手形・小切手法，簿記，財務諸表の見方・経営分析の関係法令等の講義を行い，企業の経営・信用調査と不祥事等の調査依頼に適切に対応できるノウハウを身に付けた調査員を育成し，調査員の質的向上と業界の社会的地位の向上を目指したのでした。

企業からの調査依頼の中には，企業の不正，リコール隠し等の不祥事，反社会的勢力との交際者の内部通報，内部告発の調査依頼も散見されます。

現在は「内部通報者」「内部告発者」は，「公益通報者保護法」や「暴力団対策法」等の関連法規や企業内の規程等によって保護されています。調査業者は依頼者及び調査内容について慎重に確認したうえでの対応が求められています。

※企業内の不正やミスを当該企業に対して知らしめるのが「内部通報」であり，企業の外に明るみに出す行為が「内部告発」です。

## Column

### 調査内容を確認してから調査会社を選ぶ

調査・探偵業を一口で表現すると，日常生活から発生したトラブル等を解決する手段として，必要な情報を収集し提供する仕事ということができると思います。

依頼者に必要とする情報を調査会社が収集するには，どうしても諸々の費用がかかります。私達は一方で，常に「正確な情報を適正な価格で迅速に提供する」ことを目標として事業を行っています。

調査会社は依頼者に納得していただける結果を得るためには労力を惜しみませんが，費用をご負担いただかなければ調査会社の運営はできません。調査会社と依頼者との金銭にまつわるトラブルは，調査会社にとっても残念な問題です。依頼者が調査会社と調査内容について十分に話し合い，納得できる調査を選択されることが最善の防止策ではないでしょうか。

# 第 1 章

# 探偵とは どんな仕事をするのか

—情報収集し，市民に愛される身近な存在—

人はこの世に生まれたからには，誰でも問題や悩みの一つや二つは抱えているものです。それは会社の人間関係のトラブルであったり，子供の進学問題，あるいは異性問題であったり等，内容は人によってさまざまです。悩みの度合いが深ければ深いほど精神的，肉体的なダメージは大きく膨らむものです。

# 探偵の必要性と使命

普段から生活管理に気をつけ自己防衛し，問題が発生した際にその悩みを自ら解決できればそれに越したことはありません。しかし，現代社会が抱える問題は想像以上に複雑で多岐にわたっており，専門家の助言なしでは解決の糸口さえ見えないケースが少なくありません。面倒なことだと解決を後回しにして自分の手に負えない局面に至り，その結果，ある人は宗教活動にのめり込み全財産を失うケースもあります。そうかと思えば，一瞬のうちに自らの命を自らの手で簡単に絶ってしまう人もいます。家出や失踪などの方法で現実から逃避する方もよく見かけます。

人生には，さまざまな局面で予期せぬ出来事が待ち受けているものです。それが人生だともいえますが，悩みを抱え問題に直面した際にどのように対処するかでその人の真価が問われます。自分で解決する力や知識や知恵がないのであれば，もちろん他人の力を借りても構いません。袋小路に入り込んで身動き

警察は民事不介入！

できなくなるのであれば，むしろ他人に頼るべきです。そのほうが無理，無茶な行動や考えを起こさず早期に解決する場合が多いのです。大切なことは問題に遭遇したとき，その問題から逃避せず，いかに積極的に解決に導いていく努力をするかです。

その際，頼りになるのが友人や知人，そして家族です。しかしその人達を巻き込んだトラブルとなると，いったい誰に頼ればよいのでしょうか。それは弁護士や調査会社（探偵社）なのです。

警察署に駆け込みますか？　残念ながら警察では，国民ひとりひとりの小さな問題まで処理できません。日本の警察は「刑事警察」であり，民事不介入が大原則です。例えば，他人の家に侵入してお金を盗めば窃盗罪に問われますが，例えば，顔見知りからの詐欺被害の場合，よほどの決定的な証拠でも提示しなければ，警察に動いてもらえないケースも少なくありません。

そんなときに頼りになるのが弁護士と調査会社（探偵社）なのです。

「弁護士」の名称を聞くのが初めてという人はいないと思います。しかし「探偵」と聞いてピンとくる人は少ないのではないでしょうか。シャーロック・ホームズとか金田一耕助は知っていても，では実際の探偵に接したことがある人はどれだけいるのでしょうか。きっと頭の中にはテレビや映画の中に出てくる探偵のイメージが浮かぶ方が多いのはないでしょうか。

実際の探偵は，メディアに出てくるような個性的なキャラクターを持ち合わせてもいません。まして，いつも女性に囲まれてかっこ良く事件を次々に解決していくナイスガイでもありません。

今では，一般の人たちにもようやく「探偵」という職業を正しく理解，認識していただけるようになりました。「探偵」を一言で言ってしまえば，「さまざまなトラブルに対し，解決のための手掛かりやヒントを収集する仕事」に尽きます。

収集した情報がすぐさま解決の糸口になる場合もあれば，残念ながら，空振りになることも日常茶飯事です。労多くして報われないことも珍しくない仕事なのです。

弁護士や警察官と比べて決して表舞台に出ることのない，実に地味でありながら責任の重い職業と言えるでしょう。私の知る探偵には，探偵を隠れ蓑にして悪行を重ねる人はいませんが，しかし，残念ながら探偵社や興信所の一部の行為が社会から問題視されてきたこともありました。

これからの時代は，近所付き合いが疎遠になり核家族化がますます進んでいきます。人間関係が希薄になり，ささいなことでもトラブルに発展することがあるかもしれません。

そんなときこそわれわれ探偵社の出番が多くなるのです。したがって，一人でも多くの依頼者の問題解決の手助けに全力を尽くすことで，過去の悪いイメージを払拭したいと考えています。

それには，探偵を依頼する側と依頼を引き受ける私たち探偵社の側に，意識の食い違いや信頼関係の大きな溝があってはいけないのです。

探偵社や興信所は，依頼者が安心して探偵に悩みを打ち明けられるような環境をさらに整備するよう努力していくべきだと思っています。それが探偵社と興信所，調査業に携わる者に課せられた務めだと思います。

ただ金儲けだけを考え，引き受けた依頼を事務的に処理してはいけないのです。相談者のニーズを的確に判断し社会的責任を十分に認識したうえで，日々の業務に真摯な態度で臨まなければならないのです。

私たちが毎日の生活や仕事を行っていく中で起こるトラブルには，まず自己防衛が何より重要だということは冒頭で説明させていただきました。しかし，現実に悩みや問題がない人にはなかなか意識されるものではありません。

また，人それぞれ仕事を持っていますから時間的な制限もあります。そのため，忙しい自分になりかわり，その問題を正確に情報収集してくれる調査会社がきっと必要になってくるときがあるはずです。そういう意味で，「探偵社」「興信所」は市民にもっと親しまれ，必要とされる身近な存在にならなければいけないのだと思います。

## 2 「探偵」とはどんな仕事をするのか

### ―密かに，そっと，相手を調べる―

「探偵」と聞くと，まず何を連想するでしょうか？

ほとんどの人は「興信所」とか，「異性関係の調査」「結婚相手の身元調査」をする人たちと答えるのではないでしょうか。確かに，それらの調査は探偵の調査項目の中でも依頼が多く，比重の大きい仕事だということは否定できません。それでは，「探偵社」と「興信所」の業務とは，一体どういうものなのでしょうか？

探偵を広辞苑で調べてみると，「密かに他人の事情や犯罪の事実などをさぐること。また，それを職業とする人」とあります。確かに，探偵というのは他人の知らないうちに事情を探ることなのですが，その「そっと」とか「密かに」がなかなか難しいのです。

調査の対象者に「あなたには，奥さんのほかに関係する人がいますか？」と面と向かって聞いてしまっては，相手を怒らせてしまいます。これではそっと調べたことになりません。それどころか，探偵を使って探っていることが相手に分かってしまい，依頼者に迷惑をかけます。

ここで問題なのは，なんだと思いますか。答えは，探偵が身元を明かして調査するということです。もうその時点で探偵ではありません。自分の氏名や住所を相手に告げて調べるのなら自分で調べることもできるはずです。依頼者にしても探偵に頼む必要がありません。

探偵が行う調査というのは，あくまでも内密にことを進めるというのが大原則です。しかも，依頼されるほとんどの調査は内密を要するものなので，内密を要しない調査は探偵の仕事の範疇ではないということになります。なぜなら，密かに調べる必要がないということは，それは単なる調査の領域だからです。

言い換えるならば，「探偵に見えない探偵が，本物の探偵」なのです。

一見して人相が悪いとか，刑事のように鋭い目つきをしているとか，大衆の中に紛れ込んでいても目立ちすぎるような格好をしているような探偵は，それだけで失格の烙印を押されてしまいます。金田一耕助が羽織袴で事件を解決して喝采を浴びるのは，映画やドラマの中だけの話なのです。そして，「私はスパイをやっています」「スパイ行動をするために来ました」などというのは，映画のセリフでもめったに聞いたことがありません。

**探偵（調査員）にはあり得ない姿**

古くは「孫子の兵法」に見るように，「敵（彼）を知り己を知れば百戦殆（あや）うからず」の中の「知る」という作業なのです。

本当の探偵は，地味で，どこにでもいるサラリーマン・ＯＬ・主婦・学生のような格好をしています（ただ，尾行しているときの目つきは一般の人たちのそれとはかなり違います）。尾行していても気付かれることはないし，雑踏の中に入れば，まるでカメレオンのように大衆の色に染まります。

しかし，当の本人はしっかりと尾行や調査といった探偵の仕事をこなしながら，探偵の基本である「情報収集」作業に集中しているのです。そんな探偵が本当の探偵なのです。現代社会を生きるビジネスパーソンにとって“情報は金なり”と同じように，探偵にとっても情報はとても重要なものです。

一般に情報とは，その人にとって速やかに役立つ知識のことで，役立たない情報をいくら集めても時間の無駄と金銭の浪費になってしまいます。

また，必要な情報をどんな手段を使って収集すればよいのか，そのノウハウを熟知している人はこの情報化社会でもごく少数に限られています。そんな中で，依頼者が欲している情報を速やかに収集して提供するのが探偵の役割であり，探偵の重要な仕事なのです。

これだけの情報氾濫の時代ですから，公式データやその他の調査方法についても探偵の持つノウハウ以外のやり方がいろいろと存在します。

例えば，新聞・雑誌記者などのマスコミ，弁護士・税理士・不動産業・経営コンサルタント業務など，その業界についての収集能力は探偵以上にプロであり，またプロ意識をしっかりと持っているのです。

だからといって「規矩行い尽くすべからず（禅宗の法演和尚　中国の故事で「手本はやりつくしてはいけない」という昔からの言い伝え）」と言うように，自分で身につけた調査方法を他人にたやすく口にすることなど言語道断なのです。「生兵法は怪我の元」という言葉もあります。武道にしても言えることですが，習い始めは誰彼となくよくしゃべりたがるものです。技の一つもかけてみたがるものです。使っている道具を他人に見せたがるのです。

それもこれも，ひとえに自分の力を自慢したいためで，こういう人は探偵のみならず他の業界にも案外多いようです。

「探偵社とて一企業である以上，利潤追求に企業努力すべきだ」と，声を大にして唱える探偵もいます。一概に異論を唱えることはできませんが，営利追求だけを重視して倫理を忘れてしまうことはいかがなものでしょうか。現実に金儲けに走るあまり，依頼者と社会に対して，「探偵に対する信頼」を大きく失墜させてしまっている探偵社も少なくないのです。

古人はよく言いました。「利を見て義を思う（論語）－利益を前にして，それを手に入れることが正しい道によるものかどうかを考える」と。探偵を職業とする者はこの言葉を常に肝に銘じているべきなのです。

ところで，一般の人たちの中には探偵は素行（男女交際に関する）調査が主な仕事という先入観があると先に述べましたが，最近ではテレビ・ラジオ・雑誌・新聞などでも「探偵・調査」という文字が大きく入った広告のコピーがよく目につくようになりました。広告の数も増えて，ひとりでも多くの人に探偵という職業の存在を知ってもらうのは喜ばしい限りです。

メディアを使い，探偵は「素行（男女交際に関する）調査だけではない，その他の悩みも解決する」ということを一般の人たちに理解していただくことによって，探偵そのものがより身近な存在になるのではないでしょうか。

ある探偵社の社長は「ほとんどのことは何でも調査する。解決できないものは何もない」と豪語しています。資料が乏しい事件や不可解な事件など，無から有をつくり出す職業が，真の探偵なのです。

その活動範囲は多岐にわたります。企業からの企業信用調査，新卒者採用に伴う雇用調査，営業マンが社外で正規の活動をしているかどうかの社員の動向調査，社内外の不正調査，幹部社員昇進のための素行調査，取引先信用調査などがあります。今日，法人からの依頼も急速に伸びています。

また個人の依頼としては，今までは探偵の代名詞のように言われてきた素行に関する行動調査，妻から夫の素行調査，あるいは夫から妻の素行調査などの依頼調査を多く手掛けているのも事実です。また，離婚調停の資料収集のための調査などもあり，男女間のトラブルは今後さらに増えていくでしょう。

そうかと思えば，親子間のトラブルも少なくありません。「子供の行動を調査してほしい」「不良仲間との交際があるかどうか知りたい」「娘の外泊が最近増えたがいったいどこへ泊まっているのか」「息子が家出してもう何年も家に帰ってこないので，消息が知りたい」「息子が同性との付き合いを繰り返している。実態を知りたい」「娘が最近恋人をつくったようだが名前すら親に教えてくれない。いったいどこの誰と交際しているのか，調べてほしい」「婚約したのはいいが，他に深い交際をしている異性がいるようだ」「新婚生活を始めたばかりだが，夫が仕事を辞め，いつもどこかへフラフラ遊びに行っている。いったい何をしているのか」など例を挙げだしたらきりがないほどです。親子間・夫婦間の絆が希薄になってきている証拠です。

その他には金銭絡みのトラブルで，「友人に貸した金が未だに返してもらえず行方不明になってしまった」「巨額な投資，M資金※の話を持ち込んだ人の身元が知りたい」などもあります。または政・財・官界にまつわる各種調査の依頼も舞い込んできます。

このようにありとあらゆる方面で探偵社や興信所は活躍しているのです。

一般の人に対しては決して目立つことはせず，その一方で依頼者には正確で迅速な報告を提出しなければならないため，探偵の業務は舞台裏での活躍が主となります。第三者や外部の人，内容によっては会社の同僚にさえ秘密裏に調査を終了させせなければなりません。

〈都調協だより〉

探偵社の業務の功績は決して表に出ることはありません。まして，それを自慢することがあってはなりません。特に，探偵の依頼内容を第三者に口外して映画の主人公を気取る調査員などはもってのほかです。同じ探偵の仲間にでさえ，依頼者の調査内容を不必要に口に出すこともままならないのです。

※　M資金とは：連合国軍最高司令官総司令部（GHQ）が占領下の日本で接収した財産などを基に，現在も極秘に運用されていると噂される秘密資金である。ただし，M資金の存在が公的に確認された事は一度もない。

戦国時代から江戸時代にかけて戦国大名たちが多くの忍者を抱え，間者（探偵）に指令を出して各地の情報収集や老中以下の諸役人の素行・風評の調査などの任務をさせていました。忍者はその実態（氏名や任務内容など）を悟られず，与えられた任務を最後まで命をかけて遂行するのが宿命でした。探偵についてもこれと同様のことが言えるのです。その持てる術や任務などを公開してしまっては，忍者が忍者でなくなるように探偵の価値と存在の意味も無くなるのです。

## 3 探偵社と興信所の違い

### —金融業から独立してできた，興信所—

探偵とはどんな職業でどんなことをしてくれるのかは，だいたいお分かりいただけたかと思います。

それでは，「興信所」とはどんなところなのでしょうか。

興信所はもともと金融業から独立してできた調査機関です。現在では「○○リサーチ」「□□データバンク」などと名称を変更している会社もあります。なぜその名称を変えることになったかというと，ひとつは興信所が過去に何らかの問題を続けて引き起こした結果，興信所の社会的イメージが低下したことが挙げられます。また最近の風潮で，カタカナの会社名が時代とともに増加してきたことも影響しているのではないでしょうか。

興信所の仕事の中身というと，企業での雇用調査や経済の動向調査が主な業務です。またそれに準じる「興信録」の販売活動を行っている業者もいます。興信録とは，取引上の信用程度を明らかにするため，財産や経営状態を調査記録した書物のことです。

ちなみに，興信録のような出版物ができたのは，明治22年，交詢社により作成されたのが初めてとされています。それが内容・ページ数とも拡大し高額書籍となり今日に至っています。これを興信所の営業担当者が企業を訪問し購入してもらうのです。

興信所の信用調査について，もう少し触れてみます。

例えば，毎年，新入社員を採用する時期になると興信所は大忙しとなります。契約企業（顧客）から送られてきた履歴書を基に，各調査員が雇用調査を開始するからです。

一般的に行われている調査方法は，まず新入社員の履歴書の項目にある現住所などの近隣宅を調べ，無作為に電話をかけます。

「○○さんの近所の評判はどうですか？」「私は○○興信所のものです」というように，何のためらいもなく社名を明かして話をする場合もあります。例えば，「○○さんの趣味は何ですか？」など，直接対象者の名前を告げ履歴書に書かれている項目をそれとなく話して確認するわけです。電話だけの聞き取り作業で終わることもあれば，現場に担当者が直接出向いて行き近隣の人に対して同様の質問をすることもあります。これらの手法では簡単に調査対象者の秘密が漏れてしまう可能性が大きく，時間の差はありますが調査対象者に興信所が自分の留守中にいつの間にか調べに来たことを知られている場合が多いのです。

企業が社員を採用するときには，興信所を使って雇用調査するという暗黙の了解があります。しかし，あからさまに調査されたことを知るとやはりいい気持ちはしないものです。このように調査は，おおむねどこの会社でも行っているという認識をしている方が少なくないとしても，それが分かったときには人によっては強い不快感を覚えてしまうのも当然でしょう。

一方，興信所の側にしてみれば，調査をしていることが明らかになっても（対象者に知られても）仕方がない，という考え方も実際にあるのも事実です。

興信所の調査員の中には仕事を早く終わらせようと，対象者になるべく近い人に手当たり次第に聞きまくり報告書を仕上げる人も増えています。もちろんすべての調査員がそうだとは言えませんが，これなどは本来の探偵業とはまったく対照的と言っていいでしょう。

これは極論ですが，探偵業と興信所の大きな違いと言えば，密かに調べるのが探偵で，逆に表面に出て堂々と調べるのが興信所と言えるかもしれません。

〈一般社団法人 日本調査業協会 会報〉

しかし，決して興信所の仕事が簡単で誰でもできると言っているのではありません。ただ，興信所の中にはコンピュータを駆使し情報の管理をするところが多くなっており，企業の表面的な動向などはボタン一つでいつでも引き出せるようになっています。それに比べて，探偵の仕事というのは，コンピュータを駆使しながらも，訓練されつくしたプロの探偵が持っているノウハウや実績，研ぎ澄まされた勘などが頼りです。

もちろん，必要に応じて最新機器を使うこともあります。また，一般の方でもWebを使用しての調査能力が上がっているので，基本的には「尾行」を中心に自分の足を使って情報を入手するのが探偵の基本である，と理解していただければいいでしょう。

## 4 守秘義務について

探偵業に従事する者は，「探偵業の業務の適正化に関する法律」第10条によって業務上知り得た情報について守秘義務が課せられています。したがって，以下に紹介する事例については，すべてフィクションです。

## Column

### 「調査」と「探査」の違い

現在世間一般には「調査」という言葉を使いますが，「調査」の「調」は「言語の言に周り」と書き，対象者周囲で聞込みをして情報収集することを言います。言い換えれば公然情報の収集ということになります。

「探査」の「探」は手探りで探す意です。または，様子を窺い探る意味や，尋ね極める，の字義があります。

したがって，「探査」は聞込みだけでなく，あらゆる方法をもって公然・非公然の情報を収集することになり，「探偵が行うのは探査」「興信所が行うのは調査」と考えてよいでしょう。

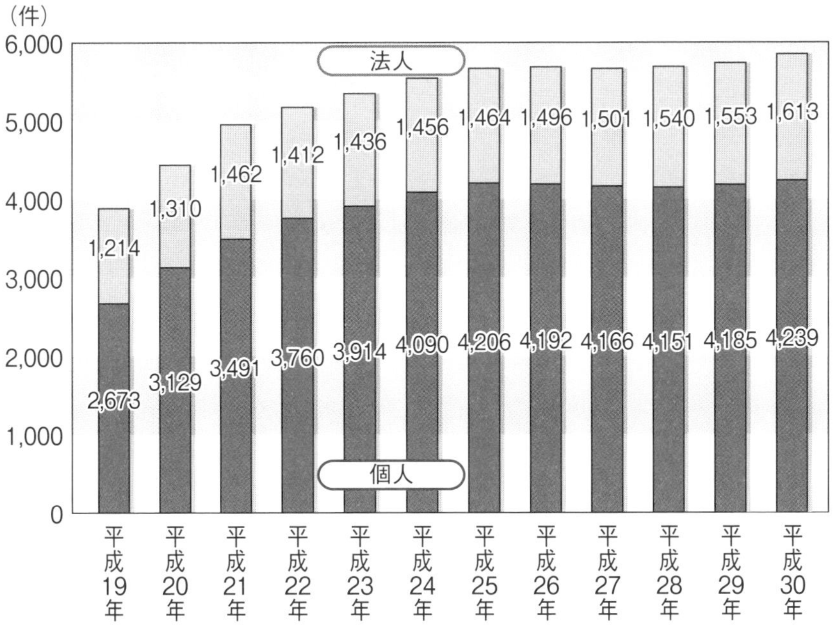


（『探偵業の届け出状況の推移』より（2019年）
警察庁　HP　生活安全局生活安全企画課）

## 探偵業法とは

探偵業の基本法は，「探偵業の業務の適正化に関する法律（略称－探偵業法）」です。この法律は探偵業者等が行う探偵業務について規制を定めたもので，探偵業務全般の適正な運営を図るとともに個人の権利・利益を保護する目的で制定された法律であり，探偵業に関する規制法です。

探偵業法の成立経緯と探偵業法ならではの特徴点が顕著な条文を選択し，若干の解説を附して記述しました。探偵業を理解していただく一助になればと思います。

### 1　探偵業法の制定年月日等

| | |
|---|---|
| 名　　称 | 探偵業の業務の適正化に関する法律 |
| 成立年月日 | 平成18年6月2日 |
| 公布年月日 | 平成18年6月8日　法律第60号 |
| 施行年月日 | 平成19年6月1日　平成18年　政令366号 |

これまで日本には，調査業・探偵業・興信所と称する業務を規制する法律はありませんでした。これらのうち，探偵業について探偵業法が制定され，平成19年6月1日に施行されました。

### 2　探偵業法制定の背景

探偵業法制定以前の平成15年12月末に警察庁が調査した結果によると，全国の調査業者（興信所・探偵社・その他名称を問わず）は下記業務を行う事業です。

① 特定の個人及び団体の信用，資産，所在，経歴その他の事実を調査し，報告する業務

② 特定の事件又は事故の原因を調査し，報告する業務

③　特定の盗品又は遺失物の所在を調査し，報告する業務

その数は5,110業者であり，この業者数は調査を開始した，平成６年の2,348業者から右肩上がりに増加しています。

これら増加現象の理由はその当時の社会情勢を反映したもので，

①　離婚の増加～素行調査

②　家出の増加～家出人・失踪人調査

③　急速な訴訟及び紛争社会化～各種の調査

などが考えられると思います。

このように「探偵」の数の増加に伴い，トラブルも増加しています。

国民生活センターに寄せられた「探偵」「興信所」に関する苦情相談の件数を見ると，平成12年度が844件であったものが，平成15年度には1,357件と，２倍近い伸びを示しています。

また，警察庁が作成した「探偵業に係る犯罪の検挙事例」によると，「探偵」が関与した犯罪の検挙事例も相当数あり，その中には盗聴や恐喝罪など悪質な事例も散見されます。

このような「探偵」によるトラブルは，２つに分類することができます。

１つは，「探偵」と「依頼者」間のトラブルです。「依頼者」から依頼された事案をネタにし，稀に何らかの利益を得るために犯罪を企図（例えば恐喝等）するなどがありますが，大多数は「依頼者」との契約や解約を巡る金銭トラブルです。

２つ目は，「探偵」と「調査対象者」間のトラブルです。調査の過程で住宅やビルなどに侵入する，又は違法な手段による写真撮影や盗聴など，「探偵」による調査が調査対象者，または周辺居住者等の「生活の平穏を害する行為」に及び，これらに対する苦情も増加しています。

このように，「探偵」が関与するトラブルは急速に増えており，何らかの対策を必要とする社会的要請があったと認められます。

### 3　探偵業法の制定

「探偵」を巡る以上のような状況下において，平成16年11月26日開催の内閣部会で立法化が提案され，正式に「探偵業」の規制に関する立法化を検討することが了承されています。それ以降，諸々の質疑や検討が行われ，後に国会での審議を経て，「探偵業の業務の適正化に関する法律」が平成18年6月2日に成立し，平成19年6月1日から施行されています。

なお，巻末に＜資料＞として探偵業法について詳しく解説しています。

**Column**

#### 調査・探偵の仕事とは

特に探偵は，依頼者から調査依頼を受けて調査業務を開始します。依頼者の要請があって初めて成り立つ職業です。探偵事務所を訪問する依頼者は，困り事や悩み事を抱えその対応に苦慮している方々です。何故苦慮するのか，その原因は困り事や悩み事の内容が他人に打ち明けられない事柄であるからです。人間誰しも私生活や家庭生活において他人に知られたくない事情があります。探偵はこのような案件を秘密裏に調査し解決の手段となる情報を収集するという業務を行っています。

探偵の仕事とは，必要な情報を密かに収集することです。情報収集に際して，個人の権利利益を害する行為は探偵業法により禁止されています。強引な方法による情報収集は違法行為の土壌になりかねません。要約すると，探偵に見えない探偵が密かに適正な情報収集を行い，入手した情報は他人に漏らさない（守秘義務の厳守）ということです。

# 第2章
# 探偵社の調査手法

探偵業法に関する記述の項でも紹介しましたが，同法第２条では，探偵業務の目的を「特定人の所在又は行動についての情報であって」と規定し，当該目的を達成するための情報を収集する手段として「面接による聞込み，尾行，張込みその他これらに類する方法により実地の調査を行い」と規定されています。したがって，探偵業者が行う情報収集を目的とした調査は「張込み」「尾行」「聞込み」または「これらに類する方法」を基本として行われることになります。

ここでは，探偵業者が実際に行う行動調査について，その手順や方法等を順次紹介していきます。

# 事前調査

行動調査に先立ち「事前調査」を行います。「事前調査」とは，下見とほぼ同じ意味で調査の成功率を高めるために実施するものです。事前調査を大別すると「資料収集」「現地確認」「調査対象者の確認」の３項目です。

## （1）資料収集とは

資料収集は，事前に収集した公開情報を調査現場などに反映させる目的で実施します。

例えば，行動調査の場合，活動拠点となる場所の住宅地図を入手することで，行動調査の戦術を検討することに役立ちます。住宅地図は，国会図書館やインターネットで入手できます。

これらの公開情報の発信元としては，法務局・国会図書館・区役所・町村役場・税務署・各専門図書館・インターネットなどが挙げられます。

**街・駅・道路等，町の構造を充分理解しておくこと**

その他に新聞記事の検索を行う業者などがあり，これらの機関での情報収集も役立ちます。

### (2) 現地確認とは

行動調査を実施するにあたって，調査対象者の自宅や勤務先，または予想される立寄り先などを事前に現地に赴き調査して確認する必要があります。

建物の構造，駐車場の位置，交通手段（駅・バス・タクシー・自家用車・自転車），通信手段（電話ボックス・公衆電話），金融機関・官公庁・病院等を把握し，地域性や行事，地域環境（住宅街・国道沿い・農地）の区別，また，道路工事や建設工事が行われているかなど現場を取り巻く状況を確認します。

#### ア　現地の地理・地形

現地周辺の地理や地形を確認しておくことも非常に重要です。実際に現地付近を歩き，目と足でその土地柄の感覚を掴むことが張込みや尾行に役立ちます。後に地図を書くことができるくらい念入りに観察しておきます。

#### イ　張込み場所の選定

建物を下見するときは，出入口のチェックも大事です。建物の大半には複数の出入口があります。また，出入口に限らず地下駐車場，駅との連絡通路は複雑な構造になっていることがあります。出入口全部を確認し，どのような出入りの方法があるのかを慎重に検討し，張込み場所，配置箇所，必要人員数を選定します。

調査対象者が警戒している場合は，サングラス・マスクで変装したり，ベランダの窓から出入りしたりすることもあり注意が必要です。

出入口のチェック後は張込み場所の選定を行い，通勤・通学路周囲の道路状況を確認します。

#### ウ　交通機関の確認

最寄りの駅を確認しておくことも極めて重要です。実際に駅まで行き，改札口の位置や数，ホームの構造，トイレの位置，路線構造，案内設備掲示状況，時計の設置場所などを把握し時刻表を入手しておきます。駅以外にも，バス停，タクシー乗り場等の確認も必要です。

下見時に調査対象者に自家用車があるようなら，車両利用の可能性も考慮しなければなりません。調査対象者の交通手段に合わせ，尾行用の車両等を用意する必要もあります。

### (3) 調査対象者の確認とは

行動調査を実施する場合，調査対象者の写真のみで他に情報がないときは，実施日以前に事前調査を兼ねて調査対象者の顔確認を行う場合があります。

例えば，調査対象者が朝方自宅を出て勤務先に入るまでを尾行して確認します。その際，調査対象者の顔確認以外には，当日の服装チェック・携行品・頭髪・歩行の癖・歩速度・出勤経路などを確認し写真撮影しておきます。

大規模なオフィスビルとなると，出入者が多く見逃す危険性があります。ましてや写真でしか調査対象者を確認していないとなると，同年代の似通った人物も多く調査対象者を発見できる確率が極端に低くなります。そのため，当日の服装などを確認しておいたほうが成功する可能性が格段に高くなります。

## 張込み

「張込み」とは，調査対象者の自宅や勤務先などを，情報が得られる可能性に応じて適宜見張りをし，調査対象者の動静に関する情報収集を行うことです。

張込みは，路上等の屋外で地形や建物を利用して行う「外張り」，建物や車両の中で行う「内張り」，その場の状況に応じて場所を変えながら行う「流し張り」があります。内張り等で他人の建造物や敷地内を利用する場合は，事前に管理者の承諾を得ることが必要です。また，張込み中に付近の居住者や従業者などから不審感を抱かれ警戒されることもあるため，状況によってはあらかじめ別件を装って挨拶しておくなど礼儀を尽くした紳士的な態度で臨むことが大事です。

調査員は，調査する地域に溶け込まなくてはなりません。住宅街，オフィス街，観光街など風景はさまざまです。土地柄に合わせ，また調査目的に相応した服装をする必要があります。その地域環境に溶け込む術に長けた調査員は，調査対象者の発見や，その後の尾行の成功率も高く，付近住人からも不審感を持たれないと言えます。

## 3 尾　行

探偵業務に尾行は欠かせません。調査の極意は，「尾行に始まり，尾行に終わる」といっても過言ではありません。調査対象者に気付かれないように後をつけて行動を探るのが目的です。単独で尾行する場合と複数で尾行する場合，さらに数人でチームを組んでリレー式に尾行する場合があります。

尾行は，調査対象者の後ろをただついて行けばいいということではありません。調査対象者と周囲の環境を同時に観察することが必要です。目立たないように環境に応じた自然な行動が要求されます。そのためには調査対象者と適当な距離を保ち，調査対象者に気付かれないように振る舞うことが必要です。

### (1) 尾行時の着眼点

尾行は調査活動そのものですから，メモを取り，写真撮影などの証拠収集を行います。例えば，調査対象者が建物内に入った場合には，時間や所在地，名称などを記録し，写真撮影することも必要になります。通路や出入口が何箇所あるかを確認して，適当な位置に張り込みます。また，建物内に誰かと一緒に入るか，店であれば誰と会うか，その会話内容，何をしているか，何を購入しているかなど，依頼内容に応じて確認調査します。

調査対象者１人につき調査員が１人で尾行する場合が多くあります。したがって１人で尾行，張込みを行い，時間のチェック，立寄り先の住所，名称のメモを取り，写真撮影などの記録をし，すべてを確認し依頼者に提出する報告書を作成しなければなりません。調査員は，尾行して情報収集を行っても，調査報告書を作成しなければ尾行の意味がないことになります。

ここでは主に調査対象者が徒歩やバス・電車を利用する場合を想定した方法を述べましたが，この他に調査対象者が自転車・バイク・自動車等を利用する場合も当然あります。調査員は調査対象者の事前情報をいかに多く収集し，分析できるかがその成果に反映されることになります。

### (2) 尾行時の服装

尾行の際には必ず服装や使用する車両に対する気配りが必要です。服装は目立たないデザインで，原色は避けて比較的に暗めの色合い（グレー色など）にします。車両やバイクを利用する場合は，車両の色は道路の色に近い車両で，台数の多い目立たないものが無難です。

携行品などはできるだけ軽装備にすることも大切です。常に両手を空けていつでも使えるようにしておかないとメモや写真撮影はできません。何より動きが遅くなります。しかし，軽装備といっても尾行に必要な用具や変装道具は持たなくてはなりません。

### (3) 変　装

尾行中，調査対象者に気付かれないように調査するには，素早い変装が必要

調査時の注意事項
1. 地味な色
2. 地面に近い色
3. 携帯品は少なく
4. メモ・カメラ持参

です。変装と聞くと怪人二十面相のように全くの別人になるようなものを想像するかもしれませんが，調査現場における変装で大事なのは調査対象者から見た印象を変えることです。したがって，帽子・眼鏡・上着といったようなもので瞬時にできる変装を意味しています。

例えば，夏場では暑くてもシャツ１枚ではなく長袖の上着を着ることで変装することができます。また，冬場では必要な範囲内で厚着をしても構いません。調査対象者の目を欺くため少しずつ服を脱ぐことができます。

また，調査員が帽子・眼鏡という一見怪しい変装をわざとすることで，調査対象者に調査員の輪郭・目・鼻・特徴を記憶することを麻痺させる効果がある場合もあります。いずれにせよ，調査員は尾行中常に変装しているわけではなく，調査対象者と一緒にエレベーターに乗るような，いざというときに変装することを基本としています。

## 4 聞込み

張込みと尾行の次に重要な調査として「聞込み調査」があります，聞込みは，張込み・尾行がおおむね終了した後に実施するのを基本としています。聞込みから始めると周囲の人に警戒心が起こり，以後の張込みがやりにくくなります。第一に聞込みした人に顔を覚えられてしまいます（ただし，依頼者が聞込みだけを要求する場合もあります）。

「聞く」ことは誰にでもできますが，「聞込み調査」となるとそうはいきません。いつ，どこで，誰に聞くか，調査内容が調査対象者や第三者に漏れないようにすること，聞き方や調査員が身分を提示できるかどうかも考慮しなければなりません。実際の聞込みでは，いきなり無作為に見ず知らずの人に当たることはありません。

まずは，聞込みに行く場所の下見から始めます。周囲の地理地形，環境，風土，つまりその土地柄を把握します。それによって，聞込みに行く時間帯，場所，服装などが決まります。また，聞込みが終了したら「裏付け」を取ることも忘れてはいけません。聞込みで得られた情報は，すべて「未確認情報」であるからです。この情報を「確認情報」にするために裏付けを取る調査が必要です。

## 5 これらに類する方法

探偵業法で明示されている情報収集の手段としては，これまでに説明した張込み・尾行・聞込み以外に「その他これらに類する方法」と規定されています。

「類する方法」とは，現場に出向いて行われる調査（実地の調査）の手法であって，相手への直接面談等以外の方法による情報収集が行われ，かつ，相手への近接性を有する方法ということです。

実際の現場に例えれば，調査員が行う張込みの代わりに秘匿性のある監視カメラを最適な場所に設置し，その記録した内容を解析するなどの方法が該当します。調査員がその場所で張込みすることが困難な環境下にある，またはその場所にいる調査員が調査対象者や，その関係者に発見される危険性が高い場合などに利用される手法です。

## 6 結　び

以上，調査員が行う張込み・尾行・聞込み等について初歩的な部分の概略を述べましたが，張込み・尾行・聞込みの対象はすべて人間です。したがって調査員には，調査対象者の権利利益を守り人権を尊重し，かつ，適法な手段方法による調査が求められています。個々の調査員自身がプロとしての自覚を持って日々研鑽を積む努力を心掛けることこそが，依頼者から満足と信頼を得られる道でもあるといえます。

# ある探偵の１日

探偵事務所の人員配置は基本的に，事務所要員と現場要員に分別できます。事務所要員と現場要員は固定しておらず，それぞれが担当している調査案件の進展状況により流動的に運用されています。

探偵事務所には調査依頼の訪問者の他にどうしたらいいか分からないなどの相談を目的とした訪問者があり，またこれらの訪問者は事前連絡がある場合もありますが急に訪問される場合もあります。探偵事務所ではこれらの訪問者や電話等に対応する他に，現場で活動中の調査員との連絡もあり，常に必要人員を事務所に配置する必要性があります。

ここでは調査対象者の行動調査等を行う男性調査員Ａの１日を追跡してみます。

08：30　調査員出社，事務処理～昨日実施した調査活動の報告書作成等

調査員Ａ（以降Ａと称す）は，昨日午後１時50分頃の新宿に所在するデパート内における尾行状況の報告書を作成しながら，調査対象者（以降甲氏と称す）が１階から５階までエレベーターを利用したときの尾行について思いを馳せていた。なお，本件の尾行はＡ他１名の２名で実施した。

甲氏が並んだエレベーターの出入口前には中年の男女３名が既に並んでおり，甲氏は最後尾の女性客の後ろに並んだ。Ａはすぐ後ろでは危険と判断し後続の乗降客を待った。この待ちの時間を利用し準備しておいた帽子と眼鏡で自分の外見を変えた。エレベーターが停止し乗り込む際には甲氏の後ろに２名の乗客が並び６名となり，調査員はＡのみが７番目に乗り込み一番奥に位置し甲氏を視線内に入れた。

甲氏が５階の紳士服売り場で降りたのを確認し，他の乗客が降りた後，調査員は最後に降りて尾行を継続し，途中で帽子と眼鏡を収納し相方の調査員に現

在地を連絡し，合流した後に尾行を継続した。

果たしてこの対応がベストであったのか，また甲氏にAの印象をカモフラージュできたのかなどを検証していた。

Aは報告書の作成終了後，同僚調査員等との連絡・打合せを行った。

10：30　事前連絡のあった訪問者との面談（調査依頼受理）

事前連絡では「相談」とのことであったが，

- 娘の交際相手を確認してもらいたい
- 交際相手がどこの誰か，また勤務先を知りたい
- 親として心配でいたたまれない

などの内容であったことから娘の行動確認調査として受理することにした。依頼契約等の説明をしたところ，相談者から「お願いします」との申入れがあり調査依頼の手続きを行った。

11：45　昼食

午後の予定があったことから早目の昼食とした。

13：00　弁護士との打合せ

港区虎ノ門に所在する法律事務所に赴き，弁護士紹介による調査事案の途中経過の連絡及び今後の調査事項等について打合せを行った。

本件は損害賠償請求事件に関する訴訟相手の所在調査であるが，相手方は複数の会社でともに会社所在地を転々とし，また会社役員が頻繁に入れ替わりするなど会社の実態把握が困難な状況であった。途中の経過報告は過去の会社所在地に対する聞込み状況及び会社代表者の資産調査（不動産等）の結果等であり，今後の調査項目として辞任した会社役員等への聞込み調査を検討した。

14：40　事務所での打合せ

Aは本日の夕方から実施が予定されている行動確認を一緒に行う相方調査員

との打合せを行う。

本件の依頼事案は，「○○株式会社」の業務課長甲氏が同業他社の人物と思われる50歳位の男性とかなりの頻度で接触しているため，その現場を確認し，接触相手の身元を調査してもらいたいとするものであった。調査の手段方法等について検討し必要事項等について相互確認を行った。

16：00　事前調査の実施

事前調査は時間的余裕をもって実施するのが通常であるが，今回は時間的余裕がなかったことから直前の実施を余儀なくされた。

Aは調査対象者の勤務先である千代田区外神田に所在する「○○株式会社」周辺に到着し，4階建ての同社ビルの出入口を確認した後に，同社ビル周辺の地理及び建物などの環境・道路の環境・最寄り駅の確認，及び同社から駅までの経路の確認などを行った。その後，調査対象者である業務課長甲氏の退社を確認できる張込み場所の選定を行った。

17：00　張込み開始

選定場所で張込みを開始し，また相方調査員が約30メートル離れた場所で張込みを始めているのを確認する。

18：13　尾行開始

業務課長甲氏がグレー色のスーツに茶色の手提鞄を下げ，単独で同社ビル玄関から出てJR御茶ノ水駅方向に向かう。その後同駅から中央線で新宿駅に向かい同駅で降車し西口改札を出る。

18：35　飲食店で接触する

業務課長甲氏は改札を出た後，早足で地下通路を進行しKデパートと道路を挟んで向かい側に位置する10階建てのビルに入る。同ビルは飲食店等が多数入居するビルで，業務課長甲氏は地下1階からエレベーターに乗り8階の「酒処つぼみ」に入り店内奥の壁際右角のテーブル席に向かった。先着していた眼鏡をかけた55歳位で紺色スーツの男性（以降乙氏と称す）に会釈して，乙氏と向かい合わせに着席した。

店内は入口正面に畳敷きの個室が並び，左側に奥に向う通路がありその両側に４人掛けテーブルが５脚ずつ配置されている。Ａと相方調査員は業務課長甲氏が座っているテーブル席の通路反対側に座り，観察を継続した。甲及び乙氏らはビールを飲んだ後，日本酒を酌み交わしている。その雰囲気は語り口調やしぐさから以前からの付き合いが窺え，顔見知りが飲食をともにして楽しんでいる感じであった。

19：15　資料の受け渡し

営業課長甲氏が茶色の手提鞄から白色の中型封筒を取り出し乙氏は封筒を受け取った。乙氏は封筒からＡ４版大の薄緑色をしたパンフレットのような印刷物を出しパラパラとめくりながら目を通した後に，封筒に戻し右側に置いてあった黒色のショルダーバックに入れた。

20：25　飲食終了

乙氏が精算し両名が店を出てエレベーターで地下１階に降りJR新宿駅方向に並んで進行する。

20：30　乙氏の尾行

新宿駅西口改札を入ったところで両名は挨拶して別れた。甲氏は山手線外回りホームに向かったので同時点で尾行を打ち切り，乙氏だけの尾行を継続した。

乙氏は中央線下りホームから快速電車に乗り高尾方向に向かっている。

20：55　東小金井駅で降車

乙氏はJR東小金井駅で降車し，同駅から徒歩で南側の住宅地方向に進行する。

21：07　乙氏の自宅確認

乙氏は住宅地内を進行し，東京都小金井市東４丁目に所在する一戸建住宅の玄関ドアを自分で鍵を開けて玄関内に入った。

同住宅は木造２階建で１階部分の室内が点灯されているのがガラス戸のカーテン越しに確認できる。また，玄関右側にポストが設置され名札入れに「田辺」と記載されているのが街灯の明かりで判読できた。

21：30　田辺方の動きなし，同時刻張込みを打ち切りとした

翌日７：00 乙氏方付近において張込みを開始し，乙氏（田辺）の出勤を尾行したところ渋谷区神宮前に所在する「株式会社○○化工」の玄関に入り，玄関ホール正面の出入口をＩＤカードで通過し社内に入るのを確認した。

その後法務局において調査した結果，「東京都小金井市東４丁目」に所在する田辺方の土地家屋の所有者が「田辺隆史」氏であることを確認した。また聞込み調査を実施し調査対象者乙氏（田辺隆史）が「株式会社○○化工」の事業部に勤務していることを確認した。

後日　報告書作成

確認事項とそれぞれの現場を撮影した写真及びビデオから報告書を作成し，依頼人に提出し本件調査を終了した。

上記は，当事務所の調査員が行う日常活動の中からある１日を選定し時系列に述べました。１人の調査員が担当する業務は多岐にわたり調査員は時間に追われながら駆けまわっているのが実情です。

調査員は担当した案件の調査項目を完全に成し遂げ，依頼人に納得してもらえたときの達成感や満足感を噛み締め，そのことをバネにしてさらなる調査技術の向上を目指しています。

今後も当社では，依頼人の要望に「いかに応えるか」を常に念頭に置き研鑽を積み重ねたいと思います。

Column

### 任務完了もまた一入（ひとしお）

何事も，一つの仕事をやり遂げるにはかなりの労力を必要としていると思います。特に，私どものような調査・探偵業務の仕事は，依頼者に高額な費用をご負担いただき初めて本格的な調査に当たることができる仕事です。それだけに調査期間・手法には大きな制約があり，限られた時間内に集中して業務を行わなければなりません。毎回が真剣勝負であり失敗は許されません。それだけに無事業務を行えたときの充実感は一入（ひとしお）です。

そのような事情は探偵業法でも厳しく規定されています。情報収集の手段として，「面接による聞込み，尾行，張込みその他これに類する方法」と決められています。いずれの手法も満足できる結果を出すにはそれなりの創意工夫と平素の錬磨を必要とします。また，同じ業務でもその日の状況（曜日，時間，天候や周囲の環境）等によって現場は大きく異なります。決して同じ現場はありません。その現場の状況をいち早く判断し，最適な対応が無意識のうちにできて，初めて一人前です。

〈探偵社代表の一週間〉

| | 月 | 火 | 水 | 木 | 金 | 土 | 日 |
|---|---|---|---|---|---|---|---|
| 5時 | | | | | | | |
| 6時 | 起床 | 起床<br>合気道指導 | 起床 | 起床<br>合気道指導 | 起床 | 起床 | 起床 |
| 7時 | 通勤 | 通勤 | 通勤 | 通勤 | 交流会 | 通勤 | |
| 8時 | 出社 | 出社 | 出社 | 出社 | | 出社 | |
| 9時 | 事務作業 | | 張込み現場<br>指示出し | | | | |
| 10時 | 社内会議 | 依頼者<br>訪問・面談 | | 弁護士<br>訪問・面談<br>ZOOM面談 | 依頼者<br>訪問・相談<br>ZOOM面談 | 依頼者<br>事務所面談 | |
| 11時 | 司法書士<br>訪問・面談 | 食事 | 調査員から<br>報告聴聞 | | | | |
| 12時 | 食事 | 調査現場<br>下見 | 食事 | 食事 | 相談者<br>訪問・面談 | 相談者<br>訪問・面談 | 食事 |
| 13時 | 異業種間<br>ZOOM会議 | 弁護士<br>訪問・面談 | | 依頼者<br>訪問報告 | 食事 | 食事 | |
| 14時 | | | 調査業協会,<br>理事会（第2水曜日） | 依頼者<br>ZOOM面談 | 依頼者<br>訪問報告 | セミナー<br>参加 | |
| 15時 | 事務作業 | | | | | | |
| 16時 | | | | 調査員<br>報告聴聞 | 依頼者<br>訪問・相談<br>ZOOM面談 | | 警察OB<br>訪問 |
| 17時 | 依頼者<br>訪問・面談 | 尾行調査<br>参加・監督 | | 相談者<br>訪問・面談 | | | |
| 18時 | 食事 | | | | 社内会議 | 弁護士<br>会食 | 会食 |
| 19時 | 尾行調査<br>（都内）<br>参加・監督 | | 依頼者<br>事務所面談 | 弁護士<br>訪問・面談 | 尾行調査<br>指示出し | | |
| 20時 | | | | 会食 | 食事 | | 事務作業 |
| 21時 | | 調査終了 | 異業種<br>交流会 | BARで<br>打合せ | | BARで<br>打合せ | |
| 22時 | | 食事 | | | 事務作業 | | |
| 23時 | 調査終了 | | | | | | |
| 24時 | 帰宅 | 帰宅 | 帰宅 | 帰宅 | 帰宅 | 帰宅 | 帰宅 |

## 〈ベテラン探偵社員の一週間〉

| | 月 | 火 | 水 | 木 | 金 | 土 | 日 |
|---|---|---|---|---|---|---|---|
| 5時 | | | | | | | |
| 6時 | 起床<br>食事 | 起床<br>食事 | 休日 | | 起床<br>食事 | 起床<br>食事 | 起床<br>食事 |
| 7時 | 通勤 | 通勤 | | | 通勤 | 地方出張<br>調査 | 役所直行 |
| 8時 | | | | | | 羽田空港 | |
| 9時 | 出社 | | | | 在宅ワーク<br>WEB 等による調査<br>報告書作成<br>出版本のための記事準備 | | 法務局調査 |
| 10時 | 社内会議 | 出社 | | | | 現地調査 | |
| 11時 | 報告書作成 | 報告書作成 | | | | | 聞込み調査 |
| 12時 | 食事 | 食事 | | | 食事 | 食事 | 食事 |
| 13時 | WEB 等による調査 | 報告書製本<br>郵送手配 | | | | 関係施設にて資料調査 | 聞込み調査 |
| 14時 | | 相談者<br>事務所面談 | | | | | |
| 15時 | | | | | | 聞込み調査 | |
| 16時 | | | | | | | 空港へ |
| 17時 | 社長と依頼者<br>訪問・面談 | 尾行調査 | | | | | 地方空港 |
| 18時 | 食事 | | | | 食事 | 張込み調査 | |
| 19時 | 尾行調査 | | | | | | 食事 |
| 20時 | | | | | | | 羽田空港 |
| 21時 | | 調査終了 | | | | 食事 | |
| 22時 | | 帰宅・食事 | | | | ホテル着 | 帰宅 |
| 23時 | 調査終了 | | | | | | |
| 24時 | 帰宅 | | | | | | |

Column

## 時間がない

多忙は世の常ですが，探偵にもまた時間がありません。

調査日時等の設定はすべて相手（調査対象者）任せです。探偵の主な調査手法である聞込み・尾行・張込みは相手の行動パターンに合わせなければ期待する成果が得られません。

特に，尾行や張込みは探偵が事前に知りえない相手の都合による行動が対象です。探偵の休日予定や仕事の終了時間をあらかじめ設定するのは至難の技です。

旅行などの家庭サービスはもちろんのこと，単身者にあっては彼女（氏）とのデートもままなりません。

## Column

### 誰でもあこがれた「有名探偵」

古くから映画，小説，ドラマでは探偵が主役になる作品が多数ありました。

若い方はご存じないかも知れませんが，シャーロック・ホームズ，フィリップ・マーロウ，エルキュール・ポアロ，金田一耕助，明智小五郎等です。今ならさしずめ名探偵コナンの「江戸川少年」，相棒の「杉下右京」でしょうか。

なぜ，シャーロック・ホームズやフィリップ・マーロウ，エルキュール・ポアロが大活躍し，次々と事件を解決できたのでしょうか。単に彼らだけが特別優秀で，探偵としての優れた資質を備えていたとは言い切れない面があります。例えばイギリスの場合，免許制を採っていて正式なライセンスがあれば，なんと探偵には逮捕権が与えられています。アメリカの場合，州単位の制度ではありますが，探偵の正規の免許を取得していれば，カルフォルニア州では拳銃の所持を認められ，公的データに接続し調査できます。さらに容疑者を警察に引き渡すことまで可能です。お隣の韓国の場合，大学の法学部に探偵を養成する正規のコースがあります。さらに，民間の学校ではありますが探偵を養成する専門学校も存在します。つまり，韓国では探偵が民間調査機関として広く認知されているとも言えるのではないでしょうか。

日本の探偵業が将来どのように進化していくかは未知ではありますが，現在，日本では振り込め詐欺，地面師事件等とても個人では対応できない重大事件が多数発生しています。このように法的にも複雑で被害額が大きい事件に対処するには，やはり経験・知識・調査能力のある専門家の存在が必要になるのではないでしょうか。

皆さんは如何お考えですか？

# 第3章

# 「密かに」は探偵業の生命線

探偵業者が行う探偵業務は,「探偵業の業務の適正化に関する法律（以下「探偵業法」という)」(平成18年6月8日法律第60号）において定められています。その条文に探偵業者が行う情報収集の方法について面接による聞込み，尾行，張込みその他これらに類する方法と規定されています。探偵業者はこの法律で規定された方法を基にして，それぞれが創意工夫した手法や技術を駆使して情報収集を行います。

探偵業務を行ううえで重要なことは，探偵業務に従事する調査員が情報収集の過程において，調査の相手方にその存在が発覚しないことです。

# 発覚する主な原因

調査が発覚する主な原因としては次のような状況が想定されます。

調査の相手方に
聞込み先から聞込みの事実が漏れた，または漏れ伝わった
張込みを調査の相手方または家族に発見された
張込み場所の提供者から張込みの事実が漏れた，または漏れ伝わった
張込みに気付いた第三者が通報した
尾行に気付かれた
尾行に気付いた第三者が通報した
などです。

調査の相手方が調査されている事実を知った場合，その後の調査にかなりの支障が発生します。探偵業務の調査に秘匿性の必要が生じるのはまさにここなのです。

**探偵業法（定義）** 第２条第１項

この法律において「探偵業務」とは，他人の依頼を受けて，特定人の所在又は行動についての情報であって当該依頼に係るものを収集することを目的として面接による聞込み，尾行，張込みその他これに類する方法により実地の調査を行い，その調査の結果を当該依頼者に報告する義務をいう。

探偵業法で規定された方法による情報収集活動を実行する場合であったとしても，他の法令において禁止または制限されている行為はできないと明確に示されています。

しかし，短期間に結果を要求される探偵業者にとって「面接による聞込み，尾行，張込みその他これらに類する方法」の実施は，調査の相手方の権利利益を侵害する危険性を少なからず孕（はら）んでいるのが現状です。調査員は現場において，一歩間違えれば探偵業法や他の法令違反に問われ兼ねない状況下での情報収集活動を行っているのです。

特に「尾行張込み」はその危険度が高く，探偵業法違反や他の法令違反に問われるか否かの分岐点は，調査の相手方に気付かれないようにいかに秘密裏に行えるかが重要なポイントです。調査の相手方やその家族，近隣の住民等に尾行や張込みを気付かれた場合，「人の生活の平穏を害する」行為と見なされ問題化へと発展します。

**探偵業法（探偵業務の実施の原則）** 第６条

探偵業者及び探偵業者の業務に従事する者（以下「探偵業者等」という。）は，探偵業務を行うに当たっては，この法律により他の法令において禁止又は制限されている行為を行うことができることとなるものではないことに留意するとともに，人の生活の平穏を害する等個人の権利利益を侵害することがないようにしなければならない。

尾行張込みの現実は，調査員は調査の相手方等に気付かれるか否か，ギリギリのラインを見極めながら活動しているのです。

## 2 過去に取り扱った相談事例

過去の相談事例を参考にして説明します。

**○行動調査の報告書は離婚の証拠になるか**

妻の交際行動を理由に離婚しようと思っています。その証拠を集めるために探偵社に調査を依頼しました。その報告書にある写真は証拠になるでしょうか。証拠としては，宿泊施設の部屋に一緒にいるところを撮ったものが必要ですか。

探偵業者がこの依頼を受理した場合を想定して検討してみます。

妻の交際を理由に離婚しようとする場合，妻が事実を認めない場合は，その夫は裁判で妻が問題の交際をした事実を立証しなければなりません。裁判における事実の立証には，「直接証拠」と「間接証拠」による立証があります。

直接証拠とは，例えば，行為の現場を写真や目撃証人の証言によって立証する場合です。

間接証拠とは，例えば，特定目的の宿泊施設に，当事者２人が一緒に入った，あるいは出てきたときの写真があれば，その行為を第三者的にも推認（これまでに分かっている事柄などから推し量って，事実はこうであろうと認めること）することができます。そのことから立証資料として活用できます。

しかし，宿泊施設のロビーに２人で入っただけでは足りず，２人が一緒にエレベーターに乗って客室の廊下を歩く，または客室に入ったこと，また，その後ロビーに姿を現すまでの現認（現場にいて実際の様子を確認すること）および写真が必要です。

したがって，事例の場合，探偵業者が直接証拠を得るためには，理論的には目撃証人となるべき人物を伴い，２人がいる宿泊施設の部屋に踏み込まなければなりません。しかし，令状のない探偵業者はこのようなことはできません。

したがって，間接証拠の収集を行います。

そこで，探偵業者は，妻の問題行動の証拠収集を目的に，妻の外出を監視下に置く行動確認作業を行います。「妻の外出～相手との合流～２人で宿泊施設に入り，利用する状況～２人で宿泊施設を出る状況～その後の行動～妻の帰宅」を張込み，尾行等で逐一確認するとともに，それぞれの現場で写真撮影やビデオカメラでの撮影を行います。

現認したこれら一連の行動を，写真等とともにありのままに報告書に書き起こして依頼者に提出します。そしてこの報告書が裁判資料として利用されます。

**○他の法令等との関係**

しかし，一方で，これら一連の行動確認や写真撮影については「プライバシーを侵害する行為にあたるのでは」との疑問が生じます。

確かに，尾行調査は人の行動情報を無断で収集することであり，プライバシーの侵害行為になるとの見方もありますが，公共の場所を平穏に尾行することは許容範囲内であると解釈されています。そうは言っても，現場を探ろうとして調査対象者が入った宿泊施設の部屋に押し入ったり，調査対象者の住居に忍び込んだりする方法は明らかに違法性を伴い，許容範囲外と言えます。

## 3 問題点の検討

これら個々の現場における探偵業者の活動を各種の法令と照合してみると，次の項目に挙げた事態に発展する危険性と常時背中合わせの状態であることが分かります。

尾行していた調査対象者が宿泊施設ロビーに入ったので調査員もロビーに入り，宿泊施設ロビー内で調査対象者を写真撮影中，その調査対象者又は宿泊施設関係者に発見された場合を想定し，その際に発生する問題点について検討してみます。

ア　肖像権侵害について

日本においては肖像権に関することを法律で明らかにしたものはありません。したがって刑法などによる刑事上の責任が問われることはないと言えます。

しかし民事上は，人格権，財産権の侵害が民事上の一般原則に基づいて判断され，差止請求や損害賠償請求が認められた例があります。

イ　刑事上の問題について

宿泊施設の利用者には，宿泊，各種会議や集会の参加，イベント参加，その他の催し物参加，飲食，買い物などの目的があり，宿泊施設側もこれらの来客のため広く門戸を開放しています。このことは，宿泊施設側と利用者の間には，相互間に善良な目的のために利用するという暗黙の合意が成立しているということを意味します。

このような状況下で，調査員が調査対象者の尾行張込みや写真撮影を行うことを目的として宿泊施設内に立ち入ることは，宿泊施設側が宿泊施設利用者に許容している利用目的の範囲外にあたり，トラブルが発生した場合は刑法上の「住居を侵す罪」及び探偵業法の「指示及び営業停止等」に問われることになりかねません。また，このことは宿泊施設に限らずデパートや各種イベント会場など，管理された建物や敷地内に入った場合等すべての行動が該当します。

**刑法（住居侵入等）第130条**

正当な理由がないのに，人の住居若しくは人の看守する邸宅，建造物若しくは艦船に侵入し，又は要求を受けたにもかかわらずこれらの場所から退去しなかった者は，３年以下の懲役又は10万円以下の罰金に処する。

ウ　尾行について

尾行とは人のあとをつけていくことの意味ですが，探偵事務所の調査員が調査対象者を尾行中に，相手方に尾行を気付かれ，調査対象者から詰問されもみ合いのトラブルとなった場合は，

**刑法（暴行）** 第208条

暴行を加えた者が人を傷害するに至らなかったときは，2年以下の懲役若しくは30万円以下の罰金又は拘留若しくは科料に処する。

**軽犯罪法** 第1条第28号

他人の進路に立ちふさがって，若しくはその身辺に群がって立ち退こうとせず，又は不安若しくは迷惑を覚えさせるような仕方で他人につきまとった者

等の違反行為者として問疑※（処罰の可能性を検討）されます。

そしてさらにこれらの違反行為は，

**探偵業法（指示）** 第14条

公安委員会は，探偵業者等が，この法律又は探偵業務に関し他の法令の規定に違反した場合において，探偵業の業務の適正な運営が害されるおそれがあると認められるときは，当該探偵業者に対し，必要な措置をとるべきことを指示することができる。

**探偵業法（営業の停止等）** 第15条第1項

公安委員会は，探偵業者等が，この法律若しくは探偵業務に関し他の法令の規定に違反した場合において探偵業の業務の適正な運営が著しく害されるおそれがあると認められるとき，又は前条の規定による指示に違反したときは，当該探偵業者に対し，当該営業所における探偵業について，6か月以内の期間を定めて，その全部又は一部の停止を命じることができる。

※　問疑とは：法律用語で「立件できるかどうかを検討すること」。

等の違反として罰則の対象となり，行政処分や懲役及び罰金等の刑が科せられます。

## 4 実務上の対応

国語辞典によれば，探偵とは「密かに他人の事情や犯罪事実などを探ること。また，それを職業とする人」と解説されています。「密かに」行えば人の平穏を害する事態が発生せず，また問題も発生しません。

調査活動のあらゆる現場において，この「密かに」ができるか否かの見極めが重要なポイントとなり，調査員の資質や技術向上で対処するのです。

以上は事例の一部を紹介し，探偵業務の一端と情報収集に伴う調査活動の流れとそれに関連する法令を説明したものです。

探偵業者の調査活動には前述のように大きなリスクを背負う場面もあるだけに，個々の調査員には日頃の錬磨と，機に臨み適法にして冷静沈着な判断と対応がいかにできるかが求められています。

# 第4章

# 五反田「地面師」詐欺事件について

皆様の中でもご記憶されている方もいるかと思いますが，大手住宅メーカー「積水ハウス」が，平成29年8月2日，驚愕の発表を行いました。五反田の老舗旅館「海喜館」（うみきかん）跡地の取引価格70億円の土地取引において詐欺事件が発生し，積水ハウスが捜査当局に刑事告訴するという内容でした。舞台となった場所は，東京・五反田駅から徒歩3分の一等地で，その約600坪の土地を舞台に発生した「地面師」詐欺事件でした。被害金額もさることながら「地面師」という言葉に驚かれた方も多かったようです。

この事件について調査プロジェクトチームを編成し，集中調査し収集した資料を基に調査結果を，以下のように報告します。

今回の事件では，＜資料１＞のとおり老舗旅館「海喜館」所有権者の海老沢佐紀子氏が知らない間に，本人確認用のパスポートが偽造され，それを利用した「成りすまし犯」が積水ハウスから「手付金」14億円を受け取り，さらに「所有権移転請求権仮登記」まで実行していました。その後，積水ハウスが残りの売買代金63億円を支払い，「所有権移転登記申請」を行った段階で登記ができず詐欺が発覚したという事件です。

典型的な地面師事件ですが，この種の犯罪の難しさは，報酬を受け取った「成りすまし犯」以外は，すべて「善意の第三者」を装うことができてしまうことです。話を持ってきたブローカー，仲介業者，不動産業者，購入者（社），間に入る司法書士や弁護士などすべてが，「私も騙された」と主張している状況です。

そうなると，どこまでが地面師詐欺グループの者なのかは分からなく，確実に罪に問える者は契約場所に現れた「成りすまし犯」だけになります。現在のところこの事件では，偽造印鑑登録証明書と偽造パスポートを持ち，取引の場所に現れ，所有権者の海老沢 佐紀子氏（73）に成りすました女だけが明確な犯人です。後に判明しましたが，他にも主犯格と目される人物がいて，過去にもこの種の詐欺事件に関係したことで，不動産関係者の間で「池袋のK」と呼ばれている者がいます。現在，別件で逮捕，立件されて有罪が確定しています。

＜事件の構図＞

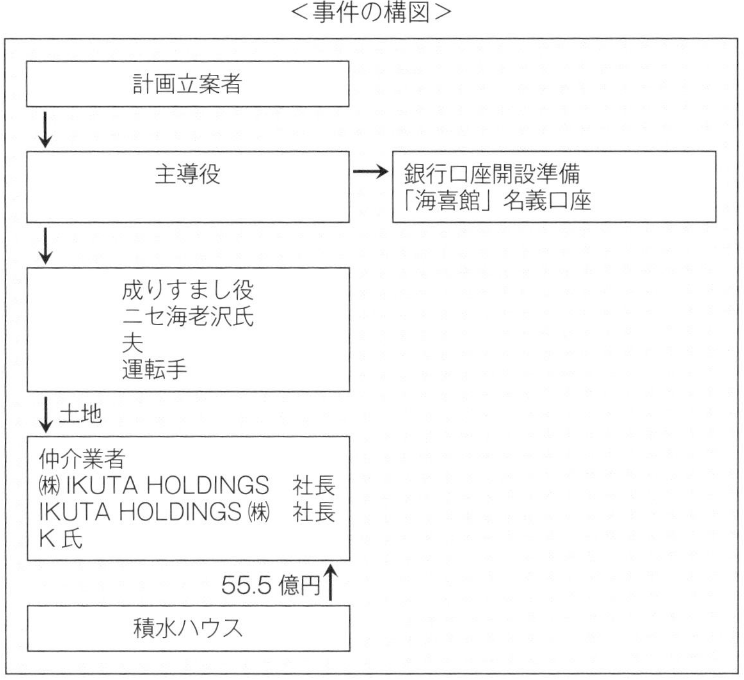


以下では調査業協会のチームが調べた事件の詳細を，探し出された証拠に基づく範囲でご報告したいと思います。

この事件は，すべて＜資料１＞の偽造パスポートから始まっています。大変よくできた偽造パスポートで，写真以外はすべて本人の正しい情報が記載され，透かしや刻印など本物とそっくりであったと言われています。

＜資料1＞

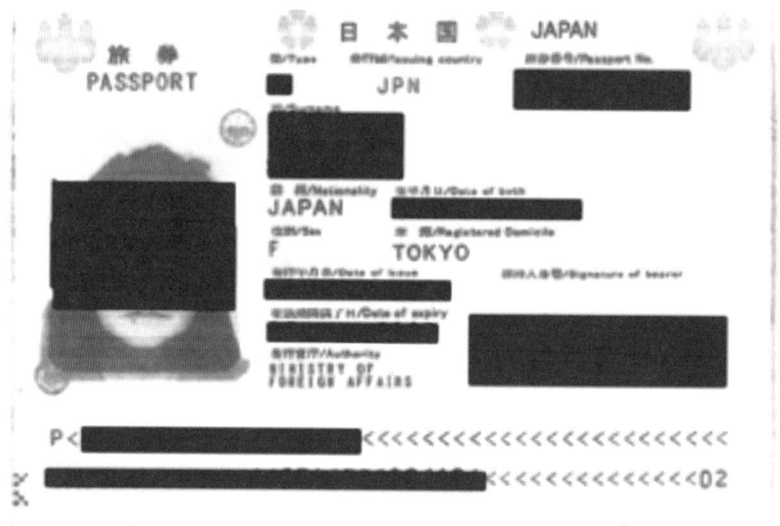


そして，この偽造パスポートを利用して，実印を紛失したと言い品川区役所で新しい印鑑登録証明を作っています。さらに，別の地面師グループの人間（三木 勝博）が，平成29年3月28日に㈱グローバルホールディングスという自分の会社を「海喜館」（うみきかん）名に社名変更しています。その名称を変更した会社を使って，銀行口座を開設し，法人登記・法人謄本を入手していました。また，社名変更した「海喜館」は2日後の平成29年3月30日つまり年度末で通常の会社が休業中に元の会社名に戻されています。

＜資料2＞ここで作られた資料が，積水ハウスとの契約時に本人確認の証拠として提示されたものであると予想されます。

＜資料3＞に表示されているものが「海喜館」の正規の法人登記です。

＜資料２＞

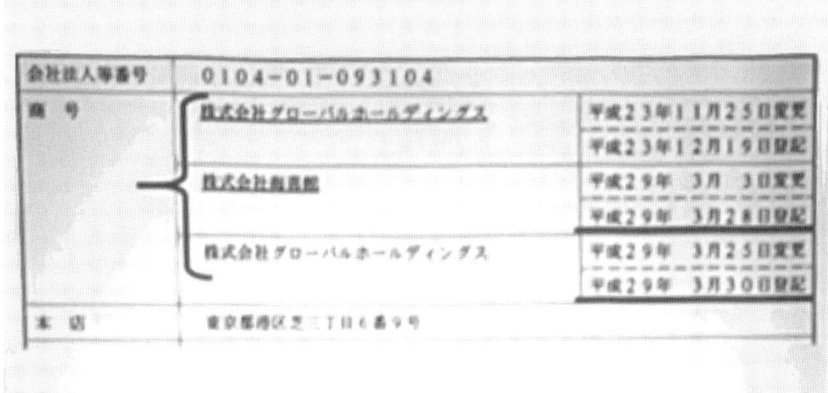

| 会社法人等番号 | 0104－01－093104 | |
|---|---|---|
| 商　号 | 株式会社グローバルホールディングス | 平成23年11月25日変更<br>平成23年12月19日登記 |
| | 株式会社海喜館 | 平成29年　3月　3日変更<br>平成29年　3月28日登記 |
| | 株式会社グローバルホールディングス | 平成29年　3月25日変更<br>平成29年　3月30日登記 |
| 本　店 | 東京都港区芝二丁目６番９号 | |

＜資料３＞

本物はこちら

2018／10／22　12：18　現在の情報です。

これは閉鎖された登記簿です。

東京都品川区西五反田二丁目22番６号
株式会社海喜館

| 会社法人等番号 | 0107－01－[illegible] |
|---|---|
| 商　号 | 株式会社海喜館 |
| 本　店 | 東京都品川区西五反田二丁目22番６号 |
| 公告をする方法 | 東京都[illegible]掲載する |
| 会社成立の年月日 | 昭和[illegible] |
| 目　的 | [illegible] |

＜資料4＞

印鑑登録証明書

| 印影 | 氏名 | ■ |
|---|---|---|
| ■ | 生年月日 | ■ |
| | 住所 | 東京都品川区西五反田■ |
| | 備考 | |

この写しは、登録された印影と相違ないことを証明します。

平成29年　1月19日

品川区長　濱野　健

そこで，偽造された身分証明書（パスポート）と印章で作られた「印鑑登録証明」が＜資料4＞（平成29年1月19日作成）です。

この「印鑑登録証明」は品川区役所で正規に作成されていたものです。つまりニセの身分証明書で「本物の印鑑証明書」ができていたのです。つまり，品川区も騙されていたことになります。このような手口で準備された「印鑑登録証明」，実印（偽造），パスポート（偽造），偽造された「海喜館」名義の銀行口座，法人登記謄本，土地登記簿謄本を事前に用意して，地面師グループは積水ハウスとの売買交渉に臨んだと予想されます。

そもそもことの発端は平成 29 年 3 月 30 日，積水ハウスが自社の役員と面識のある人物（生田 剛）から，「海喜館」の土地購入を打診されたことです。

最終的には平成 29 年 4 月 18 日，積水ハウスの社長が五反田の現地を訪れ，購入を決めました。

その後，地面師グループの別の人間が平成 29 年 4 月 30 日に海老沢 佐紀子氏の成りすまし役の「羽毛田 正美」，夫役の男性，運転手を伴って，積水ハウスを訪れ，正式な契約を締結し手付金として 14 億円を支払うことで合意しています。そして，積水ハウスは手付金を支払い，地面師グループは同土地にできる「マンション」の一部（最上階の一番広い部屋）を購入する契約をしました。積水ハウスはその後，地面師グループに精算後の代金を振り込みます。

平成29年4月24日にはIKUTA HOLDINS㈱と積水ハウスは五反田の「海喜館」所在地に「所有権移転請求権仮登記」を申請しました。この登記は正規に実効（登記）されました。

ところが，その後，本当の所有者である海老沢 佐紀子氏が代理人弁護士を通して，該当の土地についての手続き「無効」を指摘する内容証明通知を積水ハウス宛てに送ったのです。また，同社の現地担当者が，海老沢 佐紀子を名乗る女性のパスポートのコピーを持って，近隣住民に見せて回り，海老沢 佐紀子氏本人かどうか確認を行いました。当然ながら周辺に昔から住んでいる住民からは，否定の回答が寄せられました。さらに，同様の報告が関連会社からも積水ハウス本社に寄せられました。

にもかかわらず，平成29年6月1日，積水ハウスは手付代金を含む63億円を，容疑者の指定する口座に振り込みました。それと同時に積水ハウスは「所有権移転登記」の申請を行っています。

しかし，平成29年6月9日，法務局が積水ハウスに「所有権移転登記」の申請却下を同社に通知したのです。

平成29年6月24日，「相続」を原因に都内大田区在住の2人の男性が所有権移転登記を申請しました。海老沢 佐紀子氏がこのときにお亡くなりになっていたのです。平成29年7月4日にこの移転登記が実行されました。この2人の男性は海老沢 佐紀子氏の実弟で，正規の相続人です。今回のように，売買予約がついた土地の所有権が悪意の第三者に移転することは通常はあり得ないことです。

つまり「該当の土地がトラブル案件であることを法務局が認めたと」いうことです。正規の相続人よる登記が認められ，2人の男性の訴えを認めて両名に2分の1ずつ相続登記したということは，先に売買予約で所有権移転の仮登記を行った2社の申請が，正規のものかどうか疑わしいと法務局が判断した結果と思われます。この件には相続人側の弁護士が法務局に働きかけていたようです。

その後，平成 29 年 7 月 25 日該当の土地に IKUTA HOLDINS㈱と積水ハウスが登記していた「所有権移転請求権仮登記」が正式に抹消されました。

ちなみに，この IKUTA HOLDINS㈱の事務所所在地は，元衆議院議員の事務所で，議員の家族がこの会社の役員になっていました。

今回は，当該土地についての「所有権移転登記申請」が却下されましたが，もし仮登記同様に所有権移転の申請が登記されていたら，積水ハウスは既に土地代金 63 億円を支払い済みであったし，同社は「善意の第三者」を主張できたかも知れません。この点は同様の事件の発生を考えた場合，非常に留意しなければならない点だと思われます。

例えば，「新橋の事件」，「世田谷の元 NTT 寮売却事件」のケースでは，同様に騙し取られた土地が，短期間に複数の不動産会社に何回も転売され，誰が（どこまでが）地面師グループか判断が付かなくなっていました。その結果，当該土地も，土地の代金も回収はできなくなりました。

以上が，調査業協会で調査した結果（概要）です。現在も同様の事件が日本各地で多数発生しています。現在の状況から判断すると，少しでも事件性があると思われる案件については，早期に専門調査機関である探偵社（調査業協会に加盟している信頼性の高い）による調査を依頼し，弁護士，警察等の公的機関への通報・相談が絶対に必須だと考えます。

今回の五反田の地面師詐欺事件では，購入者側の積水ハウスに多額の損害が発生しましたが，ぎりぎりのところで土地所有者には被害がおよばなかったことは不幸中の幸いでした。

残念ではありますが，今回のように緻密に計画された事件に，普通の方が個人で対処することは事実上不可能だと思われます。

## 五反田「地面師」詐欺事件の時系列表

| 日時 | 内容 |
| --- | --- |
| 不明 | パスポートを偽造する。 |
|  | 偽造パスポートを利用して「海老沢 佐紀子」氏名義の実印を作成し，印鑑登録をする。 |
| 平成29年1月19日（木） | 印鑑証明を作成する。 |
| 平成29年3月28日（火） | ㈱グローバルホールディングスが社名を「海喜館」に変更する。 |
|  | パスポート・実印・印鑑証明を使用して，「海喜館」名義の銀行口座を作成する。（法人登記も行う） |
| 平成29年3月30日（木） | 偽造された「海喜館」の社名を「㈱グローバルホールディングス」に再度変更（戻す）する。 |
|  | 積水ハウス社長が現地（五反田）を視察する。 |
| 平成29年4月18日（火） | 積水ハウスが五反田の「海喜館」所在地の購入を決定する。仲介を㈱ IKUTA HOLDINGS が行う予定であったが，直前に IKUTA HOLDINGS ㈱ に変更される。 |
| 平成29年4月24日（月） | 該当の土地に「所有権移転請求権仮登記」を申請し，売買予約を行う。（第一に IKUTA HOLDINGS ㈱，第二に積水ハウスが同時に登記する） |
| 平成29年4月30日（日） | 積水ハウスが正式に土地の売買契約を結び，14億円を土地所有者に支払う。（成りすましの海老沢 佐紀子，夫，運転手が本社に来て契約する） |
|  | 海老沢 佐紀子氏代理人弁護士から土地売却の意思のない旨の「内容証明」が送られていた。 |
| 平成29年6月1日（木） | 積水ハウスは63億円を支払い「所有権移転登記申請」をする。 |
| 平成29年6月9日（金） | 法務省が積水ハウスの「所有権移転登記申請」を却下する。成りすましの海老沢 佐紀子と連絡が付かなくなる。 |
| 平成29年6月13日（火） | 法務省が積水ハウスの「所有権移転請求権仮登記」を解除する。 |
| 平成29年6月24日（土） | 海老沢 佐紀子氏が死亡（予てから病気療養のため，入院していた）。 |
| 同上 | 大田区在住の実弟二人が「所有権移転登記申請」をする。 |
| 平成29年6月26日（月） | IKUTA HOLDINGS ㈱代表取締役社長　近藤 久美，取締役の小林 明子氏が辞任する。 |
| 平成29年6月27日（火） | IKUTA HOLDINGS ㈱が本社を永田町から恵比寿に移転する。 |
| 平成29年7月4日（火） | 海老沢 佐紀子氏の実弟に「所有権移転登記」が実行される。 |
| 平成29年7月25日（火） | 積水ハウスが登記していた「所有権移転請求権仮登記」が正式に抹消される。 |
| 平成29年8月2日（水） | 積水ハウスが詐欺事件の発生を正式に発表する。被害額55.5億円。 |

＊㈱ IKUTA HOLDINGS はアパレル販売業　本社　恵比寿　代表取締役社長　生田 剛
＊IKUTA HOLDINGS ㈱は不動産仲介業社　本社　千代田区永田町→恵比寿　代表取締役社長　近藤 久美（平成29年6月26日　辞任）

# 第5章

# 弁護士・裁判資料としての調査依頼

探偵事務所には，日々多種多様な相談事や調査依頼の案件が持ち込まれてきます。探偵事務所が日常どのような仕事をしているのか，実際に当社が取り扱った調査事例に基づいて，簡単な概要を関係法令と照合しながら次の事例を紹介します。

# 弁護士からの依頼案件

本件調査の依頼人は弁護士ですが，特に調査事項を委任状で依頼された特異なケースの依頼案件です。

## 1　調査事案の概要

売掛金回収に伴う債務者に関する調査を，法律事務所代表弁護士から，委任状により依頼され受理したものです。その委任状は

委　任　状

平成2×年５月18日

東京都港区本町５－７－12
赤塚法律事務所
弁護士　赤塚　誠一　印

下記の者に株式会社大輝に関する別紙調査事項の確認を依頼する。

記

住　所　　東京都中野区東中野５－３－１
氏　名　　金　澤　秀　則

## 調査事項

1．代表取締役齊藤政史氏（仮名）の住所に関する調査
住所　三重県鈴鹿市朝日町53番地９号
①　□居住している　□居住していない
②　調査日時
③　調査実施者
④　表札　□ある（表札の氏名　　　　）　□ない
⑤　郵便受け　□ある　□ない　□郵便物・新聞の状況は
⑥　電気メーター　□動いている　□動いていない
□電力会社の連絡票が付いている（　／　／　付）
⑦　近隣における調査
調査した相手と，方法，その内容
⑧　その他参考事項

2．１の齊藤政史氏からの面談に関する調査
①　家族構成
②　生活状況
③　車両は何台所有しているか
④　同居者は居るか
⑤　同居者と世帯主との関係
⑥　収入状況
⑦　名刺をもらう
⑧　取引銀行，口座名，取引額（月単位）

3．株式会社大輝（仮名）に関する調査
所在地　三重県鈴鹿市白崎町12番地５白崎ビル２階202号室
①　勤務先所在地に会社は存在するか
②　看板の有無
③　駐車場は借りているか
④　家賃はいくらか
⑤　家賃の支払い先と支払い状況
⑥　家賃の契約名義と支払い名義
⑦　家賃支払元の銀行口座名

4．その他参考資料
過去の裁判記録閲覧：三重地方裁判所　鈴鹿支部
事件番号26年（ワ）○○号

5．４の原告からのインタビュー

の内容であり調査項目は多岐にわたるものでした。

## 2　調査依頼内容の検討

### (1) 調査依頼内容の適法性について

探偵業者は,「探偵業の業務の適正化に関する法律(以下「探偵業法」という)」に基づいて探偵業務を行っています。この探偵業法には,「調査の結果を犯罪行為,違法な差別的取扱いその他の違法な行為のため」に用いられる場合等は調査業務の依頼を受理できないと規定されています。また,調査依頼を受けて調査の途中で判明した場合は,以降の調査を継続してはならない等の内容が規定されています。

> **探偵業法(探偵業務の実施に関する規制)** 第9条第1項
>
> 探偵業者は,当該探偵業務に係る調査の結果が犯罪行為,違法な差別的取扱いその他の違法な行為のために用いられることを知ったときは,当該探偵業務を行ってはならない。

したがって,調査依頼の相談があった最初の段階で依頼に応じられる事案であるか否かを判断しなければなりません。

本件の調査目的は,売掛金回収の裁判資料として利用することが明らかであることから,法令に照らして問題となる案件ではないと判断し受理しました。

### (2) 調査項目の確認

依頼の案件について,依頼者が何を必要としているのかを聞き出し,依頼者の要求に沿った調査項目を設定し依頼者と探偵業者が相互に確認します。

また,調査の過程で緊急に追加の調査項目が必要となった場合は,その都度依頼者の承認を得なければなりません。これらは調査料金と密接に関係する手続きです。

本件の場合は,委任状の別紙に「調査事項」として調査項目が明記されており,これにしたがって調査します。

### (3) 調査期間の設定等

調査期間は，調査料金及び調査の結果報告日（報告書提出日）と連動することから，的確な調査ができて依頼者の納得が得られる範囲での設定が必要です。

本件は調査対象者及び家族の居住地，会社所在地，活動地域，勤務地，関係者居住地が，遠隔地で他県への宿泊を伴う出張調査となることから，調査の方法や順序を特に念入りに検討しました。その結果，調査期間を一泊二日に設定しレンタカーを利用することにしました。

### (4) 調査聞込み先等の選定

調査項目の目的に沿った効率的な調査を実施するため，調査先や聞込み先等を選定し順序立てて計画することが必要です。

本件の場合は，依頼者から提供された資料を基に選定し順序を設定しました。

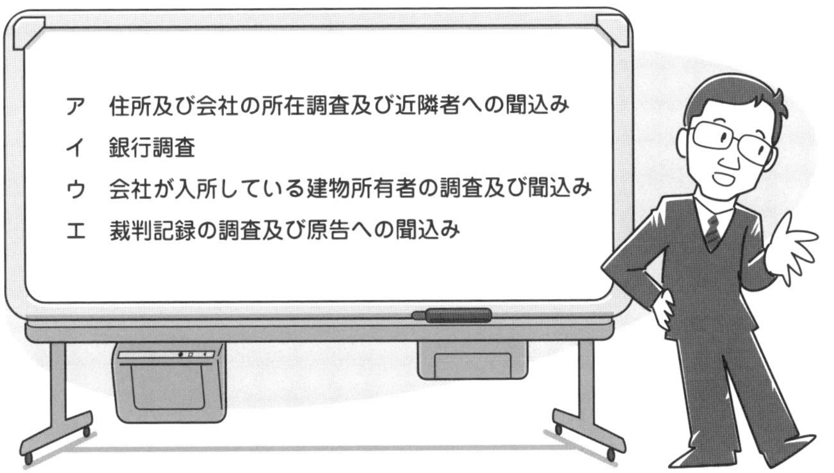

ア　住所及び会社の所在調査及び近隣者への聞込み
イ　銀行調査
ウ　会社が入所している建物所有者の調査及び聞込み
エ　裁判記録の調査及び原告への聞込み


### (5) 使用資機材の整備点検と準備

依頼者への報告は，調査途中での電話（またはメール）による口頭報告のほか，最終的には調査報告書を作成して提出します。

調査報告書を作成する目的は，調査の現場に立ち会っていない依頼人に調査を理解し納得して頂くためです。そのために写真・ビデオ・録音機等を利用し，収集した資料を添付しできるだけ詳しい調査報告書を作成します。

本件の調査に際しても，これら機材の整備点検を行ったうえで，携行し調査報告書にその収集した写真等の資料を活用しています。

## 3 調査の状況について

(1) 第１日目の調査活動

ア 調査の相手方会社（以下「調査対象会社」という）の所在確認

調査対象会社の所在地「白崎ビル」は鉄筋コンクリート３階建である。同ビル玄関入口右側に設置されている集合ポスト 202 号室に「㈱大輝」と記載されたプレートが掲示されている。202 号室の入口付近には会社名等の表示は見当たらず，呼び鈴を押して訪問を告げたが応答がなく不在と認められた。

イ 調査の相手方（以下「調査対象者という」）宅の所在確認

調査対象者自宅は木造２階建で玄関左側に「斎藤」の表札が掲示されている。玄関右側の車庫に駐車車両はなかった。

ウ 信用金庫の調査

A信用金庫本店において店長及びコンプライアンス室長と面談し，調査対象者の口座の存在及び借入金の返済状況を確認した。

エ 三重地方裁判所鈴鹿支部において裁判記録の閲覧

依頼者が指定した事件の裁判記録を閲覧し，原告の氏名住所を確認した。

原告の氏名住所

氏名 舘野 隆雄（仮名）

住所 三重県亀山市野比町 17 番地９号

オ 原告に対する聞込み

舘野隆雄氏宅において面談したところ，同人も売掛金の回収問題で調査対象者を訴えた経緯があり，また地域的にも近く従前から付き合いがあったことから調査対象者の身上等を知悉(ちしつ)していた。調査対象者の経歴・生活の近況・家族関係・会社の近況・取引銀行等を詳細に確認できた。

カ　調査対象者宅訪問

調査対象者の自宅を訪問し呼び鈴を押したところ，調査対象者が白ワイシャツ・黒ズボンの姿で玄関ドアを半分開けドアノブに手をかけたままで応対し，「自宅で仕事の話はできない」と強硬に面談を拒否したため，「明日，会社を訪問する」旨を告げて面談要請を終了した。

(2) 第２日目の調査活動

ア　調査対象者自宅の張込み

午前９時20分。調査対象者が単独で玄関から出て玄関横に駐車していたグレー色の自家用車に乗車し外出したのを確認した。

イ　三重地方法務局鈴鹿支局調査

白崎ビルの土地及び建物の登記状況を閲覧し，ビルの所有者を確認した。

ビル所有者の氏名住所

所有者　三重県鈴鹿市南浜町54番地２
高田　正博（仮名）

また，調査対象者が居住している土地及び家屋の登記状況を調査したところ，土地及び家屋ともに現在の所有者は，

所有者　三重県鈴鹿市朝日町53番地９号
齊藤　文子（仮名）

であった。齋藤文子は，平成25年10月20日付で前所有者齋藤政史（同人の夫）から相続していることを確認した。

ウ　ビル所有者への聞込み

ビル所有者高田正博氏を訪問し事情を説明したところ，同人が快く事情聴取に応じてくれたため，調査対象者の賃貸契約期間（個人かまたは法人か）・賃貸料金・賃貸料金の振込銀行，及び振込人（個人かまたは法人か）・賃貸料金の振込状況等を聴取し確認した。

エ　調査対象会社が所在するビルのテナントに対する聞込み

1階の化粧品販売店を経営する50歳代の女性は，「㈱大輝さんとは付き合いがないので全く分からない，昨年の暮れごろから今年初めにかけて会社員風の人が，5～6人訪ねて来て大輝さんのことを聞かれました」旨の回答であり，他のテナントは留守であった。

オ　銀行調査

B銀行○○支店において，副支店長と面接し協力要請したところ，同支店長が要請に応じてくださった。そのため，同支店における，㈱大輝及び齊藤政史氏それぞれの口座の存在とその利用状況が確認された。

カ　調査対象者の自宅近隣の聞込み

調査対象者の居住地において近隣の居住者4人に聞込みしたが，特にその中の町会長宅で，家族構成・同居家族・本人及び同人の妻・長男・二男等家族全員の勤め先または職業・所有車両等に関する情報を入手できた。

キ　信用金庫の調査

C信用金庫○○支店

C信金副支店長と面接し調査事情を説明したところ，同副支店長が一旦離席し，上司と検討した後協力要請に応じたことで，調査対象者の口座が存在しその口座から㈱大輝が入所しているビルの賃貸料金が振り込まれているのを確認した。

ク　調査対象会社訪問

㈱大輝を訪問し呼び鈴を押し面会を申し向けたところ，本人がドア越しに「何も話すことはない。質問があるのなら質問書を送ってくれ」とのことでドアを開けず面会を拒否した。このやり取りは再三にわたったが，調査対象者の面会拒否の意思が強く，面会要請を打切りとした。

対象者の自宅を訪問しても！

## 4　写真撮影及び録音の状況

調査対象会社・調査対象者自宅・訪問した取引銀行・法務局（支局）・裁判所（支部）等の聞込み先で写真を撮影し，その際の会話を録音しました。

## 5　結　果

以上の調査により，委任された調査事項に関する情報収集はそのすべてを完了し，報告書を作成し依頼者に提出し終了としました。

## Column

### かつて探偵社・興信所（調査会社）の届出は任意だった！

驚かれるかも知れませんが，以前でしたら基本的には誰でも調査会社・興信所・探偵社を設立することができました。ただ，一府県だけ例外がありました。大阪府は「大阪府部落差別事象に係る調査等の規則に関する条例」を昭和60年（1985年）10月1日から施行しています。同条例6条では条例施行時に興信所・探偵社を営む者や営もうとする者は，昭和61年（1986年）11月30日までに，大阪府知事に規定項目を届け出るよう義務付けました。

当時，東京都を含む他府県では，その後も届出は義務ではなく任意となっていました。結果として，大阪府以外の興信所・探偵社の多くが任意の届出をしないまま設立されていたことも事実です。

ちなみに，大阪府の場合は同和問題に関する調査は行わないことが，設立の条件になっていました。

興信所条例（大阪府部落差別事象に係る調査等の規則に関する条例）によれば，大阪府では興信所・探偵社は被調査人が被差別部落出身者であるか，居住地が同和地区かを調査・報告しないこと，同和地区所在地の情報提供や特定地域が情報提供を禁止している同和地区にあることを報告しないことが義務づけられています。違反した場合には，1ヶ月以内の営業停止命令が出されます。さらにこの命令に違反すると3ヶ月以下の懲役または5万円以下の罰金に処せられます。

平成18年6月2日「探偵業の業務適正化に関する法律」が成立し，平成19年6月1日から施行されました。以降，全ての探偵社は届出制になり，多くの面で制約を受け，違反した場合には厳しい罰則が科されています。一方，与えられている法律権限は皆無に等しく，依頼者もこの点を念頭に置いて調査依頼をして頂きたいと思います。例えば，第三者の戸籍謄本の入手，家屋に盗聴器を仕掛ける等は違法行為となります。事前に依頼者自身で入手できる資料は，準備して相談されることが賢明だと思われます。

# 第6章 法人からの調査依頼

探偵事務所への依頼は，実は企業（会社）からの調査依頼が半数以上を占めています。

この章では，「会社情報の漏洩」「社員の背信行為者」「勤務内不正」等の調査事例を紹介しています。

企業調査は，調査依頼者である企業の担当者と調査会社の信頼関係によって成り立っている部分があります。両者の信頼関係を基に調査対象者の事前調査が行われ，初めて有効な調査結果が得られます。

# 社内情報の漏洩

本件では，ビル及びエスカレーターの管理会社であるＴＮビル総合管理株式会社の社員が行ったエスカレーターの点検ミスに関し，同社の元社員がミス事案を部外者に通報したことから情報屋を名乗る人物がＴＮビル総合管理会社を訪れ，脅迫ともとれる言動を行いました。そこで，来訪者の人物調査及び本人が出入りする企業や接触人物の確認を行い，来訪者の意図を図りたいとするものでした。

## 1　事案の概要

(1)　ＴＮビル総合管理株式会社は，関東地域から関西地域にかけて主に商業ビルの管理と設置されているエスカレーターの保守管理を業としている会社です。

エスカレーターは定期的な点検が義務付けられており，同社は地域ごとに資格を有する検査技術士(一・二級建築士及び昇降機検査資格者)を配置し契約ビルのエスカレーター点検を義務付けされた期日内に実施しています。しかし，平成 X5 年 11 月 4 日東北新幹線宇都宮駅前に所在する宇都宮第三ビルのエスカレーターを点検するに際し，担当の井波誠治検査技術士が作業日程表の未確認から検査日を見落とし未実施であったにもかかわらず，検査点検を実施したように虚偽のエスカレーター作業報告書を作成しました。

(2)　ＴＮビル総合管理株式会社はこの虚偽記載の事実を認知していなかったところ，平成 X6 年 1 月 20 日突然柴崎悟氏と名乗る 60 代の男性が単独で来社し名刺

柴崎　悟
栃木県宇都宮市南大通６－５－17
phone　019-5748-0000
携帯　040-8835-0000
e-mail：satoru32@yahoo.co.jp

を差し出しながら責任者との面談を申し入れました。ＴＮビル総合管理株式会社では応接間に案内しましたが，その途中で訪問者を秘匿で写真撮影し副社長川住健一が応対しました。柴崎悟氏は同社社員のみ閲覧可能な社内のデータ文書である前記の虚偽記載されたエレベーター作業報告書のコピーを副社長に提示し，「この作業報告書は点検していないのに点検したように虚偽記載された書類である」と申し向けた後，さらに「エスカレーターの安全性に関する重大な問題であり，責任の取り方は色々ある。社長が降りるのも一つの方法だ」などと，この虚偽記載を今後問題化するような発言を行ったのです。

⑶ 同社では早急に事実調査を実施した結果，虚偽記載の事実を確認し点検作業を実施する等の対処を行いましたが内通者の発見には至りませんでした。

柴崎悟氏への対応を検討したが，
柴崎悟氏の真意が不明であり，また人物像が皆無である。
柴崎悟氏は同業のライバル企業に関係している可能性がある。
柴崎悟氏に直接か否かは不明であるが，社内に内通者がいることは確実視される。

等の理由から対処方法の判断がつかない状態が続き日数が経過しました。

⑷ 平成 X6 年２月７日 栃木県庁から同社に電話で警告があり，内容はエスカレーター作業報告書の虚偽記載を指摘し，担当の検査技術士井波誠治の資格がはく奪されかねない事案である，というものでした。

(5) 平成X6年2月26日　エスカレーター検査技術士井波誠治が所持する業務用の携帯電話に柴崎悟氏を名乗る男性から直接電話があり「虚偽報告書の件で迷惑をかけるつもりはなかった。会社を苛めたかった。会社（TNビル総合管理株式会社）に内通者がいる。私は，情報屋だ。」等の内容でした。

今回利用された業務用の携帯電話は，平成X5年10月末に電話番号を新しく変更して全社員に貸与したものでした。

## 2　依頼者

会社名称　　TNビル総合管理株式会社
所在地　　東京都豊島区東駒込5－6－9　TNビル2F
代表取締役　相賀悦朗
TEL　　03-0937-0000

## 3　調査対象者

住所　栃木県宇都宮市南大通6－5－17
氏名　柴崎　悟
TEL　　019-5748-0000
携帯電話　080-8835-0000

## 4　調査依頼事項

(1) 第一段　基礎調査
ア　調査対象者の人物調査
イ　調査対象者の所在確認

(2) 第二段　行動確認
ア　調査対象者が出入りする関係会社の確認
イ　調査対象者の接触人物の確認

## 5　調査対象者の基礎調査

### （1）所在確認について

ア　法務局における不動産登記の調査

調査対象者が居住しているとする名刺記載の住所地について，土地及び家屋の登記状況を調査したところ，

所　　在　栃木県宇都宮市南大通６－５－17
　　　　　土地　280m²
　　　　　家屋　木造瓦葺２階建　97m²
所 有 者　住所　栃木県宇都宮市南大通６－５－17
　　　　　氏名　柴崎　悟
売買月日　平成18年５月13日

等の登記がされていました。調査対象者の名刺に記載された住所地は実在し，同住所地の土地及び家屋を平成18年５月13日付で調査対象者が本人名義で購入している事実が確認できました。

イ　居住地における現地調査

調査対象者が居住する宇都宮市南大通６丁目一帯は戸建ての住宅が建ち並ぶ住宅地域で，調査対象者の住宅は南側が道路に面した敷地に建てられた木造瓦葺の２階建です。

敷地の道路境には高さ約150センチメートルのブロック塀が設置されており，その塀中央にある門には両開きの鉄柵の門扉が設置され，門に向かって右側の門柱に「柴崎」と黒字で記載された表札が掛けられています。

門を入って右側に露天の駐車場があり，グレーの乗用車が１台駐車しているのが門扉越しに確認できましたが，ナンバーは生垣に隠れて読み取れませんでした。また，２階ベランダに面したガラス戸は閉じているがカーテンは開けられており，ベランダに洗濯物が干してあることから家人が在宅中と思われました。

ウ　居住地付近の聞込み調査

調査対象者宅から約100メートル離れた小規模商店街に所在する「やよいクリーニング」店と近隣の居住者の聞込みをしたところ，

ア 「やよいクリーニング」60歳代の女性

○ここで30年以上クリーニング店をやっている。この付近のクリーニング店は当店だけです。

○柴崎さんからは背広やワイシャツなどを出してもらっています。

○柴崎さんは，あの家に10年くらい前に引っ越してきた人です。

○家族は奥さんと２人だけです。

○柴崎さんが勤め人かどうかは分かりませんが御主人はよく出かけているようです。奥さんは家にいると思います。

イ　近隣の住宅居住者

○柴崎さんは10年くらい前に引っ越してきた人ですが，奥さんと２人で住んでいます。

○以前から住んでいる人と違って近所付き合いはなく，会えば挨拶を交わす程度です。

○柴崎さんがどこに勤めていたかは分かりません。いつ頃からかはっきりしませんが金曜日は用事があるらしく，午前９時半頃車で出かけるのを見かけています。

○柴崎さんの噂話や風評は聞いたことがありません。

などの内容を聴取できました。

エ　柴崎方に対する訪問調査

調査員が近隣に実在する居住者方を探しているとの口実で調査対象者方を訪問したところ，同家の主人と思われる60歳代の男性が対応し町会地図を見ながら丁寧な口調で道順を教えてくれました。事前に点検していた調査対象者の写真（調査対象者の会社訪問時に撮影した写真）と同一の人物であることを確認したうえで同人を秘匿撮影しました。

以上の調査により，ＴＮビル総合管理株式会社を訪問した人物と柴崎悟が同一であり，また柴崎悟が同所に夫婦２人で居住していることを確認しました。

(2) 調査対象者の人物調査

ア　インターネット検索

柴崎悟で検索したが調査対象者に該当する情報は見当たりませんでした。

イ　新聞記事の検索

過去の事件事故に関する新聞記事について調査したが，調査対象者に関する該当記事はありませんでした。

以上のとおり人物調査に関して，現時点での進展はありませんでした。

### 6　調査対象者の行動確認調査

聞込みにより調査対象者は金曜日に外出する確率が高いことから行動確認実施日を金曜日に設定し，調査対象者の自宅付近での張込み及び尾行を実施しました。

(1) 平成 X6 年3月7日（金）第1日目

| 時間 | 調査内容 |
| --- | --- |
| 06：00 | 調査対象者の自宅駐車場にグレーの乗用車が駐車しているのを確認し付近で張込みを開始した。 |
| 09：10 | 調査対象者方２階ベランダに，黒色トレーナーのような上下を着用した 50 歳代後半の女性が洗濯物を干している。 |
| 10：10 | 調査対象者が玄関から出て来て，門扉を開ける。<br>服装－茶色ジャンバー，グレーズボン，黒色手提げカバン。 |
| 10：13 | グレー乗用車（ナンバー「00－00」）を一旦門の外に出して門扉を閉めた後本人が運転し出発した。なお，同乗者はいない。 |

| | |
|---|---|
| 10：23 | 調査対象者は国道123号線に出て右折しJR宇都宮駅方向に向かう。 |
| 10：55 | JR宇都宮駅前を通過し，さらに約300メートル先に所在する3階建の大谷記念病院に到着し同病院横の駐車場に入る。 |
| 10：58 | 病院内科受付に立ち寄った後，胃腸科診察室前の待合所椅子に座る。 |
| 11：15 | 調査対象者が診察室に入る。 |
| 11：30 | 診察室から出て会計カウンターに立ち寄り，カウンター前の待合所椅子に座る。 |
| 11：50 | 調査対象者は会計を済ませ駐車場に向かう。その後調査対象者が運転し駐車場を出て自宅方向に進行する。 |
| 12：30 | 自宅に到着し乗用車を車庫に入れた後玄関から中に入る。 |
| 17：00 | 現在迄柴崎方の出入りはない。現時点で張込みを打切りとした。 |

(2) 平成X6年3月14日（金）第2日目

| 時間 | 調査内容 |
|---|---|
| 06：00 | 調査対象者の自宅駐車場にグレーの乗用車が駐車しているのを確認し付近で張込みを開始する。 |
| 08：20 | 調査対象者が玄関から出て，門扉を開ける。<br>服装－紺色背広上下，白ワイシャツ，空色ネクタイ，グレーコート，黒色靴，黒色手提げカバン。 |
| 08：25 | グレー乗用車（ナンバー「00－00」）を一旦門の外に出して，門扉を閉めた後本人が運転し出発した。なお，同乗者はいない。 |
| 08：35 | 調査対象者は国道123号線に出て右折しJR宇都宮駅方向に向かう。 |
| 08：50 | JR宇都宮駅に到着，駅前の有料駐車場に乗用車を駐車し宇都宮駅方向に向かう。グレー色コートを着用し黒色手提げカバンを所持している。 |

| | |
|---|---|
| 08：56 | 東北新幹線切符売り場で切符を購入し改札に入る。 |
| 09：10 | 入線した東京行き「なすの153号」の自由席2号車に乗車し出発した。調査対象者は車両中央に着席しカバンから新聞を取り出して読んでいる。 |
| 10：05 | 東京駅に到着し新幹線改札を出る。調査対象者は携帯電話で話しながら構内を移動している。 |
| 10：10 | 東京駅の中央線ホームに到着し，停車中の快速高尾行きに乗車しドア付近に立っている。 |
| 10：12 | 東京駅を出発。 |
| 10：27 | 新宿駅に到着した調査対象者は電車を降りて，西口方向に向かう。 |
| 10：30 | 調査対象者は，新宿駅西口改札を出て地下広場をKデパート方向に向かい，その後Kデパートの紳士服売り場をぶらついている。 |
| 11：55 | Kデパート8階（レストラン街）トイレの横にある休憩所に入り，先に着いていた男性と挨拶する。<br>男性の人相服装－年齢50歳前後，体格普通，面長・眼鏡使用，黒っぽい背広上下，黒色靴，黒色七分丈コート，黒色ショルダーバックを携行。 |

| | |
|---|---|
| 11：58 | 調査対象者と男性はそのまま連れだって同８階の日本食店に入る。両名は店内奥の壁際のテーブルに向き合って着席し食事を注文後，調査対象者が自分のカバンから取り出したＡ５版大の書類をテーブル上に置きそれを見ながら話している。 |
| 12：55 | 両名は日本食店を出てエレベーターで１階に下りる。 |
| 13：00 | １階のエレベーター横で立ち話した後挨拶して別れる。<br>このとき調査員も二手に分かれそれぞれを尾行することにした。 |

ア　調査対象者の行動確認

| 時間 | 調査内容 |
|---|---|
| 13：05 | 調査対象者はＫデパートを出て新宿駅西口ロータリーに向かい道路を横断し高速バス乗り場横のＹカメラ新宿店に入る。調査対象者は店内をぶらぶらした後，カメラコーナーやビデオカメラコーナーに立ち止まっていたが購入品はない。 |
| 13：50 | Ｙカメラ新宿店を出た対象者は徒歩でJR新宿駅に向かい，同駅西口改札を入る。 |
| 13：58 | JR新宿駅中央線ホームから東京駅行きに乗車する。 |
| 14：15 | 調査対象者は東京駅に到着し降車した後，新幹線切符売り場でチケットを購入して改札に入る。 |
| 14：30 | 調査対象者は東京駅発仙台駅行き「やまびこ767号」の自由席３号車後部座席に着席し出発した。出発後間もなく腕を組み居眠りをしている。 |
| 15：25 | 調査対象者は宇都宮駅で降車し，その後改札を出て駐車場に向かう。 |
| 15：30 | 調査対象者が自分で運転し，自宅方向に向かう。 |
| 15：55 | 自宅に到着し車庫に車を入れる。 |
| 19：00 | 以降の外出はない。同時刻張込みを打切りとした。 |

イ　男性の行動確認

| 時間 | 調査内容 |
| --- | --- |
| 13：05 | 男性は都営大江戸線新宿駅改札に入る。 |
| 13：08 | 六本木方向の電車に乗車する。 |
| 13：11 | 代々木駅で降車し改札を出て明治通り北参道交差点方向に向かう。 |
| 13：19 | 男性は北参道交差点を右折した先に所在する７階建のＫＨビルに入る。 |
| 13：20 | 男性はエレベーター横の階段を利用し２階に上がり，２階エレベーターホール正面のドアから室内に入る。同ドアに「株式会社大晃」のプレートが表示されているのを確認した。同ＫＨビル付近で張込みを実施しながら当社事務所に連絡し，株式会社大晃の会社法人登記状況を登記情報提供サービス（一般財団法人民事法務部協会 登記情報センター室）を利用し調査したところ，<br>商　号　株式会社大晃<br>本　店　東京都渋谷区千駄ヶ谷３－13－32<br>目　的　１　不動産売買・賃貸・斡旋・仲介・交換及び鑑定<br>２　建築工事の請負・設計・施工及び管理<br>３　ビル管理業務<br>４　エレベーター・エスカレーター管理業務<br>５　土地及び建物の分譲<br>６　マンションの経営及び管理業<br>等の登記がされているのが確認された。 |
| 18：20 | 調査対象者と接触した男性が１人でＫＨビルから出て代々木駅方向に向かう。服装携行品は調査対象者との接触時と同じである。 |
| 18：35 | 都営大江戸線代々木駅改札を入り光が丘行きに乗車し，電車内ではスマートフォンを操作している。 |

| | |
|---|---|
| 19：00 | 男性は練馬春日駅で降車し改札を出る。改札から地上出口に向かい同地上出口北側を東西に延びる富士街道に出て道路沿いを西方に徒歩で向かう。 |
| 19：11 | 約700メートル進行した交差点を左折し住宅街に入りさらに進行する。 |
| 19：13 | 男性は，交差点を左折後約80メートル進行した西側に所在する木造2階建住宅の門扉を開けて入り，その奥にある住宅玄関ドアの鍵を自分で開けて玄関内に入った。 |
| 19：20 | 男性が入った住宅を点検したところ，玄関ドアの右側外壁上部に「田垣」と記載された表札が掲示されているのを確認し，また同所の住居表示が東京都練馬区春日町7－16－24であることが判明した。門を入った左側に婦人用自転車1台が駐輪され，1階と2階西側部屋が点灯されており家族で居住している状況が窺えた。<br>当社事務所において登記情報提供サービスを利用し田垣方の土地家屋の登記状況を調査したところ，<br>所　　在　東京都練馬区春日町7－16－24<br>　　　　　土地　97m²<br>　　　　　家屋　木造瓦葺2階建　85m²<br>所 有 者　住所　東京都練馬区春日町7－16－24<br>　　　　　氏名　田垣吉哉（仮名）<br>取得月日　平成23年11月16日<br>であることが判明した。 |
| 21：00 | 田垣方の出入りなし。同時刻張込みを打切りとした。 |

### 7　依頼者に対する報告

これまでの調査結果を依頼者に報告し，調査の継続等について検討を要請したところ，次のように説明されました。

○田垣吉哉氏は二級建築士の資格者で当社に平成２年４月入社しビル管理を長年担当していたが，平成25年10月１日付でエスカレーター検査担当係長に配置換えになった。
○同僚社員の話から，田垣吉哉氏はこの配置転換を左遷と認識していた様子があったと聞いている。
○エスカレーター検査は地方出張があり，また業務時間が日・祭日や夜間にわたるなど不規則であることを理由に平成25年12月31日付で退社した。
○今回判明した田垣吉哉氏の再就職先会社（株式会社大晃）は，当社と事業内容が重なっている。

## ８　結　果

これまでの調査から，柴崎悟氏が田垣吉哉氏からの情報を基にして動いた可能性は極めて高いと判断できます。

田垣吉哉氏の情報が再就職先から柴崎悟氏に告げられたのか，あるいは再就職先以外の第三者からか，または田垣吉哉氏から柴崎悟氏に直接伝えられたのかどうかは現在迄の調査において確認はできません。しかしながら柴崎悟氏の行動がＴＮビル総合管理株式会社にある種の害意を与える目的を含んでいたことは，平成 26 年２月 26 日にエスカレーター検査技術士井波誠治氏が所持する業務用の携帯電話に，柴崎悟氏を名乗る男性から直接電話があった際の言動からしても紛れもない事実です。

本件の今後の調査について依頼者はこれまでの調査結果を踏まえたうえで対応策を検討しながら，柴崎悟氏の今後の動きや事態の推移を見守りたいとしていることから，以上をもって当社の調査は終了としました。

## 企業情報漏洩に関する調査

さくら化研株式会社（仮名）は，石油製品である合成繊維等の研究開発を主とする企業ですが，退職した元同社顧問から研究開発情報が漏洩した可能性があるとして調査を依頼してきたものです。

### 1　依頼の概要

さくら化研株式会社を平成 X7 年３月末に退職した同社顧問中津清之氏（仮名）が，退社前に多量の研究開発データを無断で電磁的記録媒体に複製していたことが判明しました。

同データには同社の将来を左右する重要な情報が含まれており，同社の管理規程で「機密書類」に指定されています。今後同人が持ち出したデータを同業他社に漏洩する可能性は極めて高く，また現実に元顧問に情報漏洩の噂があることを信頼する同業者から知らされたことから，元顧問中津清之氏の再就職先又は接触人物を確認してもらいたいと依頼してきました。

なお，元顧問中津清之氏は大学卒業と同時にさくら化研株式会社に入社し，その後一貫して研究開発部門に携わり 60 歳の定年時は開発部の副部長でした。同社の研究開発部門を長期にわたり担当し，業務全般に対し高度な技能と知識を有することから，定年後も顧問として籍を置き開発部全般の指導育成にあたっていました。しかし，調査対象者は一身上の都合を事由に唐突に退社を申し出て平成 X7 年３月 31 日付けで顧問契約を解約したのです。

## 2　依頼者

会社名称　　さくら化研株式会社
所在地　　　東京都千代田区南飯田橋２－７－４
専務取締役　江藤哲夫（仮名）
電　話　　　03-3217-0000

## 3　調査対象者

氏　名　中津清之　（62歳）（仮名）
住　所　東京都北区志茂仲町７－２－９
人　相　上半身の写真あり　　身長175センチ位　　体格痩せ型
　　　　面長　　眼鏡使用　　髪七三分け

## 4　調査期間及び実施日

依頼者の要望などを聴取し調整した結果，事前調査を含めて下記の４日間としました。

平成X7年５月６日から平成X7年５月９日の間
　　　　内訳　　事前調査　５月６日
　　　　　　　　行動調査　５月７～９日

## 5　調査方法の検討

依頼者からの聴取内容と依頼事項を基に検討した結果，当面の調査として
○ 調査対象者の居住地付近での張込みを実施し日常行動の確認
○ 調査対象者の外出先の確認及び接触人物の確認と調査
を実施することにしました。

## 6　調査対象者の居住地付近の事前調査

### （1）調査対象者の居宅状況の確認

調査対象者の居住先は，地下鉄南北線志茂駅地上出口Ａ２から直線で東方に

約550メートルの地点にあり，付近一帯は碁盤の目状に区画整理された住宅地域で2階建の家屋が建ち並んでいました。

調査対象者が居住する住宅は，南側と西側が住宅地域内の道路に面した角地に位置しブロック塀で囲まれていました。南側道路に面して門があり鉄柵の門扉が設置され，右側門柱に「中津」と記載された表札が掲示されていました。

門を入った奥に住宅の玄関があるが，その間の右側に露天の駐車場があり青色の乗用車（ナンバー00−00）が駐車されていました。

調査時住宅の2階ベランダにバスタオルやシャツなどが干してあり生活している状況が窺えました。

### (2) 付近における聞込み状況

住宅地域の西側に隣接する小規模な仲町商店街において聞込みを実施しました。

**ア　クリーニング店での聞込み状況**

○ここの住宅ができて25年位になります。仲町商店街も同じ時期にできていますので馴染みのお客さんが多いです。

○中津さん方もここの住宅に最初から住んでいるお客さんです。

○家族はご夫婦と35歳位の息子さんの三人です。

○中津さんの奥さんがよく見えますが，たまに息子さんが洗濯物を持ってくることもあります。

○住宅の人が駅に行くときは近道であるこの仲町商店街を通って駅に行きます。中津さんのご主人や息子さんが歩いているのをよく見かけます。

**イ　酒店での聞込み状況**

○中津さん方にはビール等を届けていますが，たまにご主人が仕事帰りに立ち寄って日本酒を買っていきます。

○仲町商店街は住宅の人たちの通勤経路になっていて，駅に歩いて行く人はほとんどの人が利用しています。

○中津さんのご主人や息子さんが夕方過ぎに帰るのを時々見ています。

○ご主人や息子さんの勤め先は聞いたことがありません。

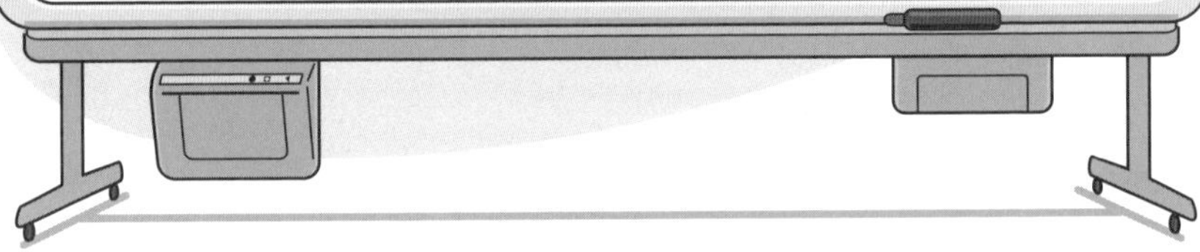

等の聞込み内容であり，調査対象者が居住地に25年くらい前から家族三人で生活していることと，最寄り駅が地下鉄南北線志茂駅であることを確認しました。

## 7　調査対象者の行動確認（第1回目）

（1）平成X7年5月7日（水）

| 時間 | 調査内容 |
|---|---|
| 06：30 | 調査対象者居住先付近において張込みを開始した。調査対象者宅1階及び2階の南側窓には白色カーテンが引いてあり，車庫には青色の乗用車が駐車している。 |
| 07：25 | 男性が1人門から右に出て仲町商店街方向に向かう。<br>男性の人相－年齢37～8歳，身長170センチ位，体格やや小肥り卵型の顔，耳が隠れる程度の長髪，紺色スーツ，白ワイシャツ，ノーネクタイ，黒色靴，黒色ショルダーバック。 |
| 09：30 | 2階ベランダに女性が出てシャツやタオルなどの洗濯物を干している。<br>女性の人相－年齢50歳後半，身長160センチ位，髪ショートカット，体格普通，水色シャツ，黒っぽいズボン。 |
| 15：35 | 男性と女性が門から出て仲町商店街方向に徒歩で進行する。<br>男性の人相－年齢60歳前半，身長175センチ位，体格痩せ型，面長，眼鏡使用，髪七三分け，服装－薄茶色長そでシャツ，グレーズボン，茶色ズック。<br>女性の人相－ベランダで確認した人相着衣と同一で黒色靴を履き，クリーム色トートバックを携帯している。<br>男性は事前に提供された調査対象者の写真と同一である。また女性は同人の妻と判断した。 |
| 15：38 | 両名は仲町商店街の薬局に入り，調査対象者は医薬品のコーナーに妻は化粧品コーナーに立ち寄っている。妻が化粧品コーナーの品物を購入し同店を出る。 |

| | |
|---|---|
| 15：50 | 商店街の八百屋に入り野菜類を購入する。 |
| 16：05 | 商店街中程にある雑貨店店頭の窓口で調査対象者がタバコを購入する。同店頭で妻は調査対象者と別れて自宅方向に向かう。 |
| 16：08 | 調査対象者は雑貨店から駅寄りに所在する本屋に入る。店頭の週刊誌等を見た後，店内に入り実用書・専門書コーナーを廻り単行本コーナーで一冊の本を手に取りレジで代金を支払っている。 |
| 16：30 | 調査対象者はビニール袋に入れた本を所持し本屋を出て自宅に向かう。 |
| 16：34 | 自宅門から中に入る。 |
| 18：00 | 調査対象者宅の１階南側部屋が点灯されているのを確認した。 |
| 19：47 | 仲町商店街方向から来た紺色スーツ・黒色ショルダーバックの男性が調査対象者方の門から中に入る。同男性は今朝７時 25 分に仲町商店街方向に出ていった男性で，調査対象者の長男と判断された。 |
| 21：00 | 調査対象者宅の出入りなし。同時刻張込みを打切りとした。 |

(2) 平成 X7 年 5 月 8 日（木）

| 時間 | 調査内容 |
|---|---|
| 06：30 | 調査対象者居住先付近において張込みを開始した。調査対象者宅の２階の南側窓には白色カーテンが引いてあり，車庫には青色乗用車が駐車している。 |
| 07：20 | 長男が単独で門から出て仲町商店街方向に向かう。<br>長男の服装－紺色スーツ，白薄青色ワイシャツ，ノーネクタイ，黒色靴，黒色ショルダーバック。 |
| 13：10 | 調査対象者の妻が１人で門から出て仲町商店街方向に向かう。<br>妻の服装－薄黄色ブラウス，ベージュ色ズボン，薄茶色靴，茶色バッグ所持。 |
| 15：50 | 仲町商店街方向から調査対象者の妻が茶色バッグと白色ビニール |

| | |
|---|---|
| | 袋を下げて帰宅する。 |
| 20：20 | 長男が仲町商店街方向から来て自宅に入る。 |
| 21：00 | 調査対象者宅の出入りなし。本日の張込みを打切りとした。 |

(3) 平成 X7 年5月9日（金）

| 時間 | 調査内容 |
|---|---|
| 06：30 | 調査対象者居住先付近において張込みを開始した。調査対象者宅の１・２階の南側窓には白色カーテンが引いてあり，車庫には青色の乗用車が駐車している。 |
| 07：23 | 長男が単独で門から出て仲町商店街方向に向かう。<br>長男の服装ー紺色スーツ，白色ワイシャツ，ノーネクタイ，黒色靴，黒色ショルダーバック。 |
| 09：30 | 妻が白の長袖を着て２階ベランダにバスタオル・下着等を干している。 |
| 11：05 | 郵便配達員が中型茶色封筒を玄関ドアの郵便受けに配達する。 |
| 13：12 | 調査対象者が空色ポロシャツ，グレーズボン，茶色ズックの服装で門を左に出て新河岸川方向に徒歩で進行する。急ぐ様子はなく散策のようである。 |
| 13：33 | 新河岸川に架かる志茂橋を渡り隅田川方向に向かう。 |
| 13：37 | 隅田川の岩渕水門付近をぶらついた後，川べりに腰をおろし喫煙している。 |
| 14：05 | 調査対象者は立ち上がり川べりをゆっくりと歩き廻った後，志茂橋方向に向かう。 |
| 14：23 | 志茂橋を渡り自宅方向にゆっくりした歩速で向かっている。 |
| 14：45 | 自宅の門から中に入る。 |
| 15：43 | 妻が２階ベランダの洗濯物を取り込んでいる。 |
| 18：00 | １階南側の部屋のカーテン越しに室内が点灯されていることが確認できる。 |

| | |
|---|---|
| 21：00 | 調査対象者の動きなく，また長男の帰宅もない。本日の張込みを打切りとした。 |

## 8　依頼者との協議

前記のとおり調査対象者に対する行動確認を実施しましたが，依頼者の目的である調査対象者（元顧問中津清之氏）の再就職先，または接触人物の確認を達成するには至りませんでした。依頼者と再度協議の結果，依頼者は第２回目の行動確認を５月12日（月）から５月14日（水）迄の３日間実施することを提案し，当社はこれを受理しました。

## 9　調査対象者の行動確認（第２回目）

（1）平成 X7 年5月12日（月）

| 時間 | 調査内容 |
|---|---|
| 06：30 | 調査対象者居住先付近において張込みを開始した。調査対象者宅１階及び２階の窓には白色カーテンが引いてあり車庫には青色乗用車が駐車している。 |
| 07：22 | 長男が単独で門から右に出て仲町商店街方向に向かう。<br>長男の服装－グレー色スーツ，青色縦縞ワイシャツ，ノーネクタイ，黒色靴，黒色ショルダーバック。 |
| 09：03 | 調査対象者が自宅門を右に出て仲町商店街方向に向かう。<br>服装－紺色スーツ，白ワイシャツ，空色ネクタイ，黒靴，黒色手提げカバン。<br>調査対象者は仲町商店街を通り抜けて地下鉄南北線志茂駅方向に向かっている。 |
| 09：15 | 志茂駅の改札を入り，目黒行きに乗車する。 |
| 09：29 | 調査対象者は駒込駅で降車し，JR 山手線内回りに乗車した。 |
| 09：38 | 池袋駅で降車し改札に向かう。 |
| 09：40 | 調査対象者は池袋駅西口に出て春日通方向に進行する。 |

| | |
|---|---|
| 09：47 | 調査対象者は大洋ビルと表示された４階建ビルの１階中央の玄関からビル内に入り，玄関ホール正面中央に設置された訪問者用の電話機が１台置かれている無人受付カウンター前を素通りし，カウンター右側のガラス戸のオートロックドア前のパネルに入館証をかざしオートロックを解除し事務室内に入った。カウンター後方の壁面に「大洋石油化学株式会社」と社名が表示されていることを確認した。所在地については，道路に面した太陽ビル外壁に「北池袋○－○－○」の住居表示のプレートが貼付されているのを見て確認した。 |
| 17：15 | 調査対象者が単独で大洋ビル玄関から出て，JR 池袋駅方向に向かう。 |
| 17：26 | JR 池袋駅改札を入り山手線外回りホームに向かう。 |
| 17：29 | 山手線外回り電車に乗車する。 |
| 17：35 | 駒込駅で降車し地下鉄南北線乗り換え口方向に向かう。 |
| 17：41 | 赤羽岩淵行きの電車に乗車する。 |
| 17：50 | 志茂駅で降車し地上出口Ａ２方向に向かい，その後自宅方向に進行する。 |
| 18：03 | 自宅正門から入り，帰宅する。 |
| 18：30 | 調査対象者宅の１階が点灯されているのを確認した。その後家人等の出入りはない。 |
| 21：00 | 同時刻張込みを打切りとした。 |

(2) 平成 X7 年5月 13 日（火）

| 時間 | 調査内容 |
|---|---|
| 06：30 | 調査対象者居住先付近において張込みを開始した。調査対象者宅２階の南側窓には白色カーテンが引いてあり，車庫には青色乗用車が駐車している。 |
| 07：21 | 長男が門から右に出て仲町商店街方向に向かう。 |

| | |
|---|---|
| | 長男の服装ー紺色スーツ，白ワイシャツ，ノーネクタイ，黒色靴，黒色ショルダーバック。 |
| 09：50 | 妻が薄いピンクの長袖シャツを着て２階ベランダにシャツ，下着等を干している。 |
| 15：50 | 妻が２階ベランダで洗濯物を取り込んでいる。 |
| 16：10 | 妻がクリーム色のトートバックを下げて１人で門を出て仲町商店街方向に向かう。 |
| 17：05 | 妻がトートバックと白色ビニール袋を下げて仲町商店街方向から帰宅する。 |
| 19：55 | 長男が仲町商店街方向から来て自宅に入る。 |
| 21：00 | 調査対象者宅の出入りなし。本日の張込みを打切りとした。 |

(3) 平成 X7 年5月 14 日（水）

| 時間 | 調査内容 |
|---|---|
| 06：30 | 調査対象者居住先付近において張込みを開始した。調査対象者宅１・２階の南側窓には白色カーテンが引いてあり，車庫には青色の乗用車が駐車している。 |
| 07：18 | 長男が門から右に出て仲町商店街方向に向かう。<br>長男の服装ーグレー色スーツ，白色ワイシャツ，ノーネクタイ，黒色靴，黒色ショルダーバック。 |
| 10：55 | 郵便配達員が葉書大の郵便物を玄関ドアの郵便受けに配達する。 |
| 14：05 | 調査対象者が単独で門から右に出て仲町商店街方向に向かう。<br>服装ー紺色スーツ，白色ワイシャツ，青色ネクタイ，黒色靴，黒色手提げカバン。<br>調査対象者は仲町商店街を通り地下鉄南北線志茂駅方向に向かっている。 |
| 14：18 | 地下鉄志茂駅の改札を入り，目黒行きに乗車する。 |
| 14：41 | 地下鉄四ツ谷駅で降車し，JR 四ツ谷駅方向に向かう。 |

| | |
|---|---|
| 14：46 | 駅ビル３階の「喫茶店ロイヤル」に入り窓際の席に座りコーヒーを注文した。 |
| 14：57 | 来店した男性１人が調査対象者に手を挙げて近づき笑顔で挨拶した後調査対象者の正面に座った。<br>男性の人相－年齢 55 歳前後，身長 170 センチ位，体格普通，面長眼鏡使用，髪黒く中分け，グレースーツ，白色ワイシャツ，薄茶色ネクタイ，こげ茶色靴，茶色手提鞄所持し，両者は親しい雰囲気で時々笑顔を見せながら話し込んでいる。 |
| 15：10 | 調査対象者がカバンから茶色大型封筒を取り出し，封筒から出したＡ４サイズの印刷物４～５枚を男性の前に置き何か説明している状況が確認できる。 |
| 15：18 | 男性が印刷物を取り調査対象者が差し出した封筒に入れた後，自分の茶色手提鞄に入れた。その後も調査対象者が主に話し男性がそれに対応しているような会話が続いている。 |
| 15：45 | 調査対象者がカバンを持って立ち上がり会釈した後，喫茶店を出てエスカレーターで１階方向に向かった。このとき調査員も二手に分かれそれぞれを尾行することにした。 |

ア　調査対象者の行動確認

| 時間 | 調査内容 |
|---|---|
| 15：48 | 調査対象者は駅ビルから地下鉄南北線四ツ谷駅方向に進行し改札を入る。 |
| 15：55 | 南北線赤羽岩渕行き電車に乗車する。 |
| 16：18 | 志茂駅で降車し地上出口Ａ２方向に向かい，その後仲町商店街方向に進行する。 |
| 16：26 | 仲町商店街の本屋に入る。単行本コーナーでしばらく探した後，店頭に廻り週刊誌を一冊手にしレジで代金を支払い店から出て自宅方向に進行する。 |

| | |
|---|---|
| 16：42 | 調査対象者が自宅に入る。 |
| 18：30 | 調査対象者宅の１階が点灯されているのを確認した。その後家人等の出入りはない。 |
| 21：00 | 調査対象者宅の出入りなし。本日の張込みを打切りとした。 |

イ　男性の行動調査

男性は調査対象者が退出後カバンから封筒を取り出し中の印刷物に目を通している。

| 時間 | 調査内容 |
|---|---|
| 16：05 | 男性はカバンを持ってレジで料金を支払い，エスカレーターで１階に向かう。 |
| 16：07 | 駅ビルを出て外堀通りを横断し靖国通り方向に進行する。 |
| 16：14 | 男性は，東京都新宿区本塩町○－○－○に所在し正面玄関上部に「東日本化工株式会社」と社名が表示されている３階建の田中ビル１階玄関を入り，フロア正面のオートロックのガラス戸の前に設置されているパネルに入館証をかざし，開錠したガラス戸から事務室内に入った。 |
| 18：30 | 男性が茶色鞄を左手に所持し田中ビル玄関から単独で出てJR四ツ谷駅方向に向かう。 |
| 18：36 | JR四ツ谷駅改札を入り中央線下りホーム上で電車待ちをしている。 |
| 18：40 | 入線した高尾行き快速電車に乗った。電車内は混雑しており男性はドア付近に立っている。 |
| 19：44 | 男性は国立駅で降車し改札を出て南口方向に向かう。その後南口から線路沿いにJR立川駅方向に進行する。 |
| 19：53 | 男性は，東京都国立市南○－○－○に所在する木造２階建住宅の玄関ドアを自分で開けて中に入る。同住宅の玄関右側に「相川」と記された表札が掲示されている。 |

| 20：30 | 同時刻まで人の出入りなく打切りとした。相川宅の不動産登記状況を登記情報提供サービス（一般財団法人民事法務部協会 登記情報センター室）を利用し調査したところ，土地と家屋の両登記簿の所有者欄に<br>所有者　相川惣一（仮名）<br>東京都国立市南○－○－○<br>と記載されているのを確認した。 |
|---|---|

## 10　大洋石油化学株式会社（仮名）に対する調査

### （1）法人登記関係の調査結果

大洋石油化学株式会社の会社法人登記状況を登記情報提供サービス（一般財団法人民事法務部協会 登記情報センター室）を利用し調査したところ，

商　号　大洋石油化学株式会社

本　店　東京都豊島区北池袋５－８－２

目　的　1　プラスチック製造販売

2　合成繊維製造販売

3　塗料製造販売

4　合成洗剤製造販売

5　その他石油製品全般に関する物品の製造販売

6　上記各号に附帯する一切の業務

役員に関する事項

代表取締役林崎了氏（仮名）以下取締役６名と監査役１名が記載されているが役員最後尾の欄に

取締役　中津清之（仮名）　平成 X7 年４月１日　就任

の登記がなされていることを確認しました。

### （2）大洋石油化学株式会社に対する聞込み結果

平成 X7 年５月 13 日，大洋石油化学株式会社の代表電話を呼び出し，中津

取締役への取次を依頼したところ，電話が総務課に回され応対した女性が
　○中津取締役は非常勤で本日は出社していません
　○通常は毎月第３月曜日開催の定例役員会に出席しています
　○その他に業務の都合で時々出社しています
旨の対応をしました。

## 11　東日本化工株式会社に対する調査

### (1) 法人登記関係の調査結果

東日本化工株式会社の会社法人登記状況を登記情報提供サービス（一般財団法人民事法務部協会 登記情報センター室）を利用し調査したところ，

　　商　号　東日本化工株式会社
　　本　店　東京都新宿区西本塩町５－２－７
　　目　的　１　プラスチック製造販売
　　　　　　２　ゴム製造販売
　　　　　　３　アスファルト製造販売
　　　　　　４　化粧品製造販売
　　　　　　５　上記各号に附帯する一切の業務
　　役員に関する事項
　　　代表取締役田中修治氏以下取締役３名が記載されている
等の登記がされていることを確認しました。

### (2) インターネットの検索

東日本化工株式会社のホームページ及び関連情報等について，インターネットで検索したところ，東日本化工株式会社のホームページの「特徴と将来性」と記された欄に，統括マネージャー相川惣一の記名入りコメントが掲載されていることを確認しました。

## 12 結 果

以上の調査から，各現場の説明付写真 55 葉を本件報告書に添付のうえ，依頼者に提出し終了としました。

調査対象者の勤務先及び接触人物が次のとおり判明した。

（1）勤務先について

会社名　大洋石油化学株式会社（仮名）
所在地　東京都豊島区北池袋５－８－２
役　職　取締役
　　　　就任年月日　平成X7年４月１日
その他　調査対象者は非常勤取締役で通常は毎月第3月曜日開催の取締役会に出席し，またその他にも業務の都合で時々出社していることを確認した。

（2）接触人物について

勤務先会社名　東日本化工株式会社（仮名）
所在地　東京都新宿区西本塩町５－２－７
職　名　統括マネージャー
氏　名　相川惣一
住　所　東京都国立市南１－６－８
接触日時　平成X7年５月14日
　　　　午後２時57分から同日午後３時45分の間
接触場所　JR四ツ谷駅ビル３階 喫茶店ロイヤル
物品の授受　有り
　　　　調査対象者が相川惣一にＡ４サイズの印刷物４～５枚を提供

# 勤務内不正の証拠確保から依頼退職に繋げた調査

## 1　依頼の概要

荒川区を中心に道路等の工事を請け負っている「株式会社 MK 工業」（東京都足立区○○・・・・）の代表取締役社長からの依頼でした。

社内で測量士の資格をもつ２名の社員が，他１名の社員と共謀し，取引先会社からの業務依頼の一部を，会社を通してではなく，測量士の１人が内々に設立した個人会社にて請負い，勤務時間内にその業務を実施している可能性が高いというのです。さらに，クライアントは MK 工業の取引先であるらしいとのことでした。

会社としては，確固たる不正の証拠を掴み，不正社員３名に証拠を提示することで損害賠償請求はしない代わりに，３名が依頼退職するかたちにことを納めたいとの希望でした。

## 2　依頼者

株式会社 MK 工業　代表取締役　田中　実

### 3　調査対象者

株式会社 MK 工業　測量士　　　合田　渡
株式会社 MK 工業　測量士　　　篠原　圭佑
株式会社 MK 工業　測量士補　　刈谷　弘道

### 4　調査目的・方法の検討（1）

●目的：対象者３名の不正の証拠となる事実を確保する。

●方法：対象者３名が使用する社用車内に IC レコーダーを設置し，３名の会話から不正情報を入手する。

### 5　事前準備調査の実施

調査実施日＝平成 X 年２月 15 日

| 時間 | 調査内容 |
|---|---|
| 07：15 | 調査員，「株式会社 MK 工業」所在地の最寄り駅周辺を下見する。 |
| 07：30 | 依頼者に連絡して，「株式会社 MK 工業」より約 100ｍほど離れた場所に所在する月極駐車場へと向かう。 |
| 07：41 | 依頼者と合流，打ち合せ。月極駐車場にて，対象者３名の使用車両を確認。依頼者に車両内に録音機を設置する場合の具体的なアドバイスを実施する。その後，調査員は駐車場付近において張込みを実施する。 |
| 10：04 | 対象者の１人である「刈谷 弘道」が同駐車場にオートバイで現れ，同社が所有する車両運転席に乗り込み，「株式会社 MK 工業」方向へ向かう。その後，「株式会社 MK 工業」裏側の敷地内駐車場に同車両が止められているのを調査員が確認。しばらくすると，残りの２名の対象者「合田 渡」と「篠原 圭佑」が運転席，助手席に乗車し，駐車場を出る様子を確認した。 |
| 10：30 | 依頼者に連絡をして，調査員は本日の事前調査を終了した。 |

## 6　調査の実施（1）

調査実施日＝平成X年2月21日～2月28日

弊社のアドバイスに基づき，対象者3名が勤務時に同乗する社用車に依頼者が設置したICレコーダーによって，対象者3名の会話の録音に成功。結果として，以下の事実が確認できました。

① 3名が，「株式会社MK工業」からの給与以外で数百万円の収入を得ており，確定申告の際にさまざまな工夫をしている事実が判明しました。

② 「株式会社MK工業」の，とある取引先会社からの電話を合田が受け，「株式会社MK工業」を経由した正式な発注以外の仕事を，個人的に請け負っている事が伺える内容でした。

③ 「株式会社MK工業」の受注現場以外の地域での作業予定があることを示唆する内容でした。

## 7　調査結果の検討

対象者3名が使用する社用車内にICレコーダーを設置した結果，3名の会話から具体的な不正取引先会社，取引相手，不正の方法が判明しました。

依頼者側には顧問弁護士が不在であったため，不正事実を把握している旨を対象者3名に伝えたうえで，効果的かつ法的に依願退職させるために，弊社から依頼者に今回のような案件を得意とする弁護士を紹介しました。

## 8　調査目的・方法の検討（2）

弊社，依頼者，弁護士が不正社員3名を依願退職させる為のプロジェクトを組みました。

目的は，MK工業の他の社員に知られることなく，また本人達に真の目的を伝えずに，対象者3名をどうにかして個別に弁護士と面接させ，聴取により不正を自白させたうえで，依願退職に持ち込むことでした。

問題は，3名を別々の日に面接した場合，先に実施した者が残りの2人に情報を流してしまうというリスクがあることでした。

そこで，弊社がある計画を提案し，実行することになりました。

【計画内容】

① 仮のローカル紙の取材を設定する。

「地元で働く，さまざまな職種の輝く男性の特集を組む」という設定で，依頼者である「株式会社 MK 工業」社長が，会社を代表して対象者3名（合田・篠原・刈谷）に取材を受けるように依頼し，日程を決める。更に，取材は1人ずつ行い，取材前の待機時間中に，社長が3名に対し個別に面談を実施し，来年度からの給料について相談させてもらいたいと伝えておく。（実際は部屋に入ると，社長の代理人としての弁護士が2名待機しており，給与の話から徐々に不正に関する聴取にスイッチされる）

② 計画実施当日，実施会場として，某所のレンタルルームを4部屋抑える。

部屋割りは次のとおり。

ルームA→取材のインタビュー&撮影部屋。
ルームB→弁護士面接，聴取部屋。
ルームC→待機部屋。
ルームD→弁護士，MK工業社長，弊社メンバーの準備室。

③　調査員による取材と，弁護士の面接においては，合田・篠原・刈谷の３名が必ずルームＡ・Ｂ・Ｃのいずれかの部屋に１人ずつ入ることになり，すべてが終わるまで３名が顔を突き合わす事は無い状態を設定。更に，先に面接・聴取を終えた対象者が，他の２名にLINE・メール等で連絡することを避けるために，取材・面接中は，対象者にスマホ・携帯等を使用しないように誘導する。

④　取材中の担当調査員と，別室の弁護士は，LINEで連絡を取り合い，別室の人物が契約書にサインしたタイミングで取材を終わらせ，ローテーションを回す。

⑤　対象者である合田・篠原・刈谷の３名が，すべて依頼退職契約に応じた時点で終了とする。

## 9　調査の実施（2）

調査実施日＝平成Ｘ年３月９日

当日，合田・篠原・刈谷の３名は，初めての取材という事で少し浮足立った様子で会場に現れました。

取材，弁護士面接のローテーションは，次の表のとおりでした。

尚，①②③は，各対象者の入室順序を示すものとします。

| | ルームＡ（取材室） | ルームＢ（面接室） | ルームＣ（待機室） |
|---|---|---|---|
| 合田 | ① | ② | |
| 篠原 | ② | ③ | ① |
| 刈谷 | | ① | |

※弁護士との面接が終了した対象者が，他の対象者と顔を合わせないようにするため，対象者には面接後，そのまま帰宅するように指示する。

調査員は三脚で立てたビデオカメラ，デジカメ等，取材に必要とされるアイテムと，今回の取材内容を簡単に記載したレジュメを用意して，インタビュアーとしてルームＡで待機しました。

インタビュー途中で，別室で他の対象者と面接中である弁護士から「退出時間を引き伸ばして欲しい」とのLINE連絡が入った際には，調査員が更にインタビューを引き伸ばし，写真撮影等を実施しながら時間調整を行いました。

合田・篠原ともに，インタビューが進むに連れ，高揚している様子で，笑顔が絶えず，かなり饒舌になっていたため，時間の延長に支障はありませんでした。

## 10　結果

弁護士による聴取の中で，対象者３名全員が素直に不正を行った事実を認め，依頼者の希望どおり，無事に「株式会社MK工業」を自主的に依願退職する旨に同意し，誓約書にサインするに至ったのです。

今回の調査においては，対象者３名の中の主要人物２名に対し，「ローカル紙の取材」という非日常的な状況を設定し体験させることで，予め対象者の警戒を解き，気持ちを最大限に「正」の方向に高揚させた直後に，弁護士による面接・聴取を実施することによって，心理学上でいう「サプライズの発生原理」が起こったと推考されます。

「サプライズの発生原理」によれば，対象者が「取材」という非日常の中において，自らが主役として注目されることで発した「正」のエネルギーが大きいほど，聴取時に，向き合いたくない現実を突きつけられた心理的ショック，ダメージによる「負」のエネルギーは，通常の何倍にも膨れ上がり，対象者が言い逃れするための覇気すらも奪った可能性が高いと思います。我々は，その効果が本案件の調査結果に大きく貢献していると確信しています。

### 参照

https://organic-growth.biz/media/marketing/668.html

サプライズとは？
不意打ちの意味である。日本では他者へ不意打ちで「驚き」を与えた後，喜ばせるための計画やそれを実行することの意味でも使われる事が多いが，一般的には悪意を持って他者を辱めたりするための行為にも使用される。
（ウィキペディアより）

「悪意を持って他者を辱めたりする」意味合いが一般的かは定かではないですが（苦笑），**期待や想像していたことと，実際に起った結果との間に何かしらのギャップがあった場合に，大小のサプライズ（驚き）は発生**する，ということです。

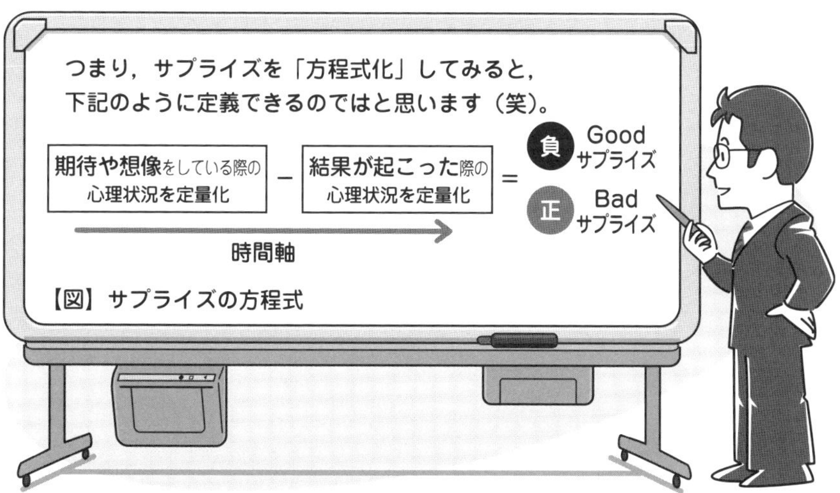

【図】サプライズの方程式

このように整理してみると，まず，サプライズは**時間軸の中で発生している**ということもわかりますし，また，**必ずしも嬉しいものばかりではなく嫌なものや残念なものも「サプライズ」の一種である**ということもわかります。そして，多かれ少なかれ期待値と結果値に差分が発生すると，そこには**大小さまざまなサプライズが存在している**ということもわかりますね。

# 社員の背任行為確認調査

本件は，薬品の輸入を中心に業務展開する会社の代表取締役社長からの依頼でした。

数年前，依頼者の父親は，勤務していた大手薬品会社の役員でありましたが，製品の横流しを行い，そのため解雇されました。その後，依頼者は父親を自らの会社に招き入れ，さらに数年後，父親の元勤務先である大手薬品会社が倒産した際に父親に強く頼まれ，父親の元部下２名を自身の経営する会社に受け入れたのですが，最近になり，父親とその元社員である２名が共謀して，背任行為を行っている疑いが判明したため弊社に調査を依頼しました。

本調査案件は，彼らの背任行為の明確な証拠を確保してほしいという依頼者からの希望であったのです。

## 1　依頼の概要

依頼者と父親との関係には，亡くなった母親を巡って長年の確執がありました。にもかかわらず，依頼者は，横領の罪で同業者である大手薬品会社を解雇され，数社の大手取引先にも出入り禁止の立場にあった父親を，自分の会社に社員として雇用しました。依頼者は父親を「一般社員」として招き入れたのですが，父親は，内縁の妻との贅沢な暮らしと，プライドを捨てられず自らの与えられた役職に不満を持ち，しばらくすると「今の状態では耐え難い」と，自らの息子である依頼者に懇願してきたため，依頼者は，やむなく父親に「相談役」というポストを提供しました。それからは父親が出勤することはほとんどありませんでしたが，それでも依頼者は父親に給料を払い続けていました。

その数年後，父親の元勤務先である大手製薬会社は，数十億の負債をかかえ倒産。民事再生にて何とか立ち直るも，その際多くの社員がリストラされまし

た。依頼者の父親は，リストラ組であった父親の元部下２名を，依頼者に雇用するように頼んできました。依頼者は父親の要求を承認し，元部下２名を雇用しました。

さらに，依頼者は，２名の元大手製薬会社での実績を買い，そのうちの１名（平岡）に「営業部長」の役職を与え，もう１名（外山）には「子会社の代表取締役」の役職を与えました。

父親と，父親の元部下２名の不審な動きに気がついたのは，若手の社員でした。

真実を突き止めるために，社員自ら何度か尾行調査を実施し，父親の元部下だった平岡が，取引先への訪問と偽り，別の場所で依頼者の父親と度々会合している事実を確認したのです。

依頼者らは，父親の元部下を問いただし，無断で依頼者の父親と社外にて会わないよう約束させましたが，その後も依頼者の部下の尾行を続けると，父親と元部下の社外での会合が確認できました。

ある日，取引先会社に納品に関する問い合わせ電話を依頼者がかけたところ，電話口に出た取引先会社社長が，依頼者を通さずに平岡と単独で取引する話をしたことを示唆するような発言をしたので，依頼者は，平岡と父親が共謀して背任行為を行っていると確信しました。

依頼者側は，依頼者の父親と，父親の元部下である平岡と，外山が共謀する背任行為の全貌の掌握と，証拠の確保により「横領罪」で３名を刑事告訴することを希望していたため，弊社に協力を依頼してきました。

## 2　依頼者

氏　名　藤原　正孝（仮名）
役　職　ミライ化学薬品株式会社　代表取締役
所在地　東京都千代田区○○町○○－○○　○○ビル５階
ＴＥＬ　03－0000－0000

## 3　調査対象者

●依頼者の父親
氏　名　藤原　孝二（仮名）
役　職　ミライ化学薬品株式会社　相談役
所在地　東京都千代田区○○町○○－○○　○○ビル５階
ＴＥＬ　03－0000－0000

●元父親の部下１
氏　名　平岡　昌史（仮名）
役　職　ミライ化学薬品株式会社　営業部長
所在地　東京都千代田区○○町○○－○○　○○ビル５階
ＴＥＬ　03－0000－0000

●元父親の部下２
氏　名　外山　徹（仮名）
役　職　株式会社 コア・ミラーズ（ミライ化学薬品株式会社子会社）
　　　　代表取締役
所在地　千葉県浦安市○○
ＴＥＬ　047－0000－0000

【調査期間及び実施日（1)】

依頼者側の要望などを聴取し調整した結果，依頼者の父親と，元部下の平岡が社外で会う可能性の高い２日間において，行動調査を実施することを決定しました。

内訳　事前調査　令和Ｘ年 12 月 10 日

　　　行動調査　令和Ｘ年 12 月 12 日～令和Ｘ年 12 月 13 日

## ４　調査目的・方法の検討（1）

依頼者からの聴取内容と依頼事項を基に検討した結果，以下の調査目的を設定するに至りました。

○調査対象者（依頼者の父親）の居住地付近での張込みと，行動確認。
○調査対象者（依頼者の父親）と接触する人物の確認。
○調査対象者（依頼者の父親）と接触する人物との会話を聴取・録音。

### 5　事前調査の実施

調査実施日＝令和 X 年 12 月 10 日

11：00　調査員は，対象者である藤原孝二が，今後の調査期間内に立ち寄る可能性が考えられる，藤原の元勤務先「メディカル・ロジックス株式会社」（東京都港区西新橋○－○○　※※ビル）の所在地を現地確認。

その後移動し，依頼人の会社「ミライ化学薬品株式会社」（東京都千代田区○○町○○－○○　○○ビル５階）および，藤原の自宅である「アークハイアット MINATO」（東京都港区海岸○－○○）の下見調査を実施。

**【調査対象者 藤原孝二の行動確認（第１回目）】**

調査実施日＝令和 X 年 12 月 12 日

| 時間 | 調査内容 |
| --- | --- |
| 07：00 | 藤原孝二（以下，藤原と称す）宅，「アークハイアット MINATO」（東京都港区海岸○－○○）付近にて本日の調査を開始する。<br>※調査員３名体制，正面玄関側と裏側の２ヶ所に配置し調査を行う。 |
| 11：22 | マンション裏出入口から出てきた藤原を確認。出入口脇の駐車スペースに停められている AUD○車運転席へ単身で乗車し移動開始。 |

| | |
|---|---|
| | ※東京タワー手前の道路にて強引にUターン，首都高速IC「芝公園」より高速へ入る。ウインカーを出さず強引に信号を右折し高速へ入ったため，これ以上の尾行を継続することは困難と判断し，尾行を中止する。<br>※その後，調査員らは本部指示により「株式会社NSジャパン」（東京都千代田区霞が関○－○○）へ移動。 |
| 14：25 | 状況変化なし。本部指示により依頼者の会社「ミライ化学薬品株式会社」へ移動開始。 |
| 14：49 | 「ミライ化学薬品株式会社」付近に到着。同所にて張込みを開始。<br>※外出中の平岡の帰社を待つ。 |
| 17：45 | 本部指示にて，同所での張込みを解除。藤原の自宅マンションへ移動を開始する。 |
| 18：16 | 藤原宅，「アークハイアットMINATO」に到着。張込みを開始する。<br>※マンション駐車場には16：00～17：20の間に帰宅した同AUD○車が駐車中。 |
| 20：00 | 調査員は本部指示により本日の調査を終了する。 |

調査実施日＝令和X年12月13日

| 時間 | 調査内容 |
|---|---|
| 08：00 | 調査員3名，藤原孝二（以下，藤原と称す）宅，「アークハイアットMINATO」（東京都港区海岸○－○○）付近にて本日の調査を開始する。<br>※駐車場のAUD○車を確認。 |
| 12：48 | 藤原単身運転，同AUD○車で外出。裏道を抜けて国道●号線方向へ移動開始。 |
| 12：58 | 「国税局　芝税務署」駐車場に入り，藤原が降車し税務署内に入る。 |
| 13：08 | 同所を出て同AUD○車運転席に乗車し，新橋方面へ移動開始。 |

| | |
|---|---|
| 13：20 | 同 AUD○車を路上駐車し，「J南信用金庫　新橋支店」（東京都港区）へ入る。 |
| 13：34 | 同所での用件が済み，外に出る。同 AUD○車運転席に乗車し移動開始。 |
| 13：57 | 「東京国税局　芝税務署」の駐車場へ入り停車。藤原降車し，税務署内へ入る。<br>※手続きの間，敷地内で喫煙や携帯通話を行う。 |
| 14：48 | 同所での用件が済み，出る。同 AUD○車に乗車し移動開始。<br>※同 AUD○車は新橋方面に向かう，途中警戒しているのか「新橋駅」周辺を迂回し銀座方面へ向かう。 |
| 15：13 | 「有楽町ビル」（東京都千代田区有楽町○－○－○）脇に停車。<br>※車内で煙草を吸い，携帯電話を使用している様子。 |
| 15：17 | 移動し，同ビルの地下駐車場へ入る。<br>※駐車場Ｂ３へ移動し停車。 |
| 15：21 | 降車しエレベーターでＢ１フロアへ移動。<br>※直後，同フロアのトイレを利用。 |
| 15：25 | 同フロア，喫茶店「ストーン」前で平岡と合流し，同店へ入る。<br>※その後，外山も合流。 |

※　潜入要員として，調査員２名が合流。対象者３名が座るテーブルの隣席を確保し，会話の録音に成功。録音した３名の会話から以下の事実が判明した。

・藤原，外山，平岡の３名は，裏で藤原を中心に内々で商売をしていることが会話から判明。
外山が「株式会社 コア・ミラーズ」を通して仕入先から薬剤を購入し，「ミライ化学薬品株式会社」を通さず，数カ所の取引先を相手に，「ミライ化学薬品株式会社」よりも安値で薬剤を横流ししている事実が判明する。

・今後，さらに会社を通さず裏で取引先へのアプローチを続ける一方で，別会社を設立する準備を進め，最終的に藤原が「ミライ化学薬品株式会社」の取引のすべてを依頼者から乗っ取ろうとしている事実が判明する。
・近日中に，古い取引先会社社長である中田氏と面談し，中田氏を抱き込む計画を立てている事実が分かる。

| 時間 | 調査内容 |
|---|---|
| 17：36 | 藤原，外山，平岡は会合を終え同所から出る。店前で外山があいさつを交わし，「有楽町駅」方向へ移動。藤原と平岡は移動し，途中で解散。<br>※藤原はトイレを利用後，駐車場Ｂ３へ移動。 |
| 17：45 | 藤原は，同 AUD○車に単身乗り込み移動を開始。<br>※自宅マンション方向へ走行。 |
| 18：21 | 同 AUD○車，自宅マンション駐車場へ入り停車。藤原降車し帰宅。 |
| 18：39 | 再び，同 AUD○車が駐車場より出て外出。 |
| 18：45 | 同 AUD○車，「四川 dining 錦里」(東京都港区芝浦○－○－○)の駐車場前で停車。運転席より女性（50代）が降車，藤原が助手席から降車し運転を変わり，藤原が同所の駐車場へ車庫入れを行う。２名は移動し，同店へ入る。 |
| 19：30 | 調査員らは，本部指示により本日の調査を終了する。 |

### 6　調査結果の検討

喫茶店内での対象者３名の会話録音内容から横領行為の事実が確認できました。依頼者は対象者３名に対して，12月15日解雇通告をしました。

ただし，対象者３名については，横領の証拠の確保を追加する目的で，調査を続行することとなりました。

## 7　調査目的・方法の検討（2）

実際に，対象者３名が「ミライ化学薬品株式会社」の子会社である「株式会社 コア・ミラーズ」（代表は外山）を通して製品の横流しを実施している証拠となる事実の確保を目的に設定。第１回目の調査対象者「藤原孝二」の行動確認調査内で判明した，調査対象者３名（藤原・平岡・外山）の行動計画予定日を念頭に入れた調査日程を設定したうえで，追加の行動調査を実施することにした。

①対象者３名と，「ミライ化学薬品株式会社」の取引先社長である中田氏との会合予定日。
②対象者３名と，弁護士との会合予定日。

【調査実施日】

令和 X 年 12 月 16 日～令和 X 年 12 月 20 日

【調査目的】

依頼者との相談のうえ，以下の調査目的を設定するに至りました。

○調査対象者　藤原・外山（子会社代表）の居住地付近に張込みのうえ，行動を確認。

○調査対象者　藤原・外山（子会社代表）及び平岡が接触する人物の確認。

○調査対象者　藤原・外山（子会社代表）及び平岡が接触する人物との会話を聴取・録音。

## 8　調査の実施（2）

**【調査対象者 藤原孝二の行動確認（第２回目）】**

調査実施日＝令和 X 年 12 月 16 日

調査員は２つの調査班に分かれ，第１調査班が藤原を，第２調査班が外山の尾行調査を実施しました。

＜第１調査班＞

記載省略

＜第２調査班＞

| 時間 | 調査内容 |
|---|---|
| 06：00 | 調査員３名，対象者「外山　徹」（以下，外山と称す）の自宅兼会社「株式会社 コア・ミラーズ」（千葉県浦安市○○），及び最寄り駅「浦安駅」付近にて本日の調査を開始する。 |
| 08：00～13：00 | 状況変化なし。 |
| 13：26 | 外山が「浦安駅」に現れ，改札を通過する。 |
| 13：28 | 東京メトロ東西線（三鷹行き）に乗車。 |
| 13：54 | 「茅場町駅」にて下車し，東京メトロ日比谷線（六本木方面行き）へ乗り換える。 |
| 14：12 | 「神谷町駅」にて下車。改札を通過し地上へ出る。 |
| 14：20 | 「虎ノ門中央法律事務所」（東京都港区虎ノ門○○－○○）前で藤原・平岡と合流し，同所へ入る。 |

| | |
|---|---|
| 15：00～17：00　状況変化なし。 | |
| 17：15 | ３名は同所を出て，「神谷町駅」方面へ移動。 |
| 17：18 | ３名は「珈琲店 和」に入る。<br>※調査員，店内へ潜入し会話の一部を録音。<br>店内 BGM 音量が大きく聴き取りにくい状況であったが，３名が取引の内容について話していることを録音できた。 |
| 18：49 | ３名は同所を出る。藤原は，外山と平岡の２名と別れ，単身で流しのタクシーに乗車する。 |
| 18：50 | 外山と平岡の２名は「神谷町駅」改札を通過し，ホームにて電車待ちをする。 |
| 18：53 | 外山と平岡の２名は東京メトロ日比谷線（北千住行き）に乗車。 |
| 19：07 | 外山と平岡の２名は「茅場町駅」にて下車，東京メトロ東西線に乗り換える。 |
| 19：38 | 外山単身で「浦安駅」で下車し，改札を通過する。 |
| 19：44 | 外山の帰宅を確認。 |
| 20：00 | 当方及び他調査員は本部指示により，本日の調査を終了する。 |

調査実施日＝令和 X 年 12 月 17 日

調査員は２班に分かれ，第１調査班が藤原を，第２調査班が外山の尾行調査を実施。

<第１調査班>

| 時間 | 調査内容 |
|---|---|
| 08：00 | 調査員２名，藤原孝二（以下，藤原と称す）宅，「アークハイアット MINATO」（東京都港区海岸○－○○）付近で張込みを開始する。<br>※駐車場の AUD○車を確認。 |
| 09：44 | 藤原単身運転の同 AUD○車が外出。新橋方面へ走行。 |

| | |
|---|---|
| 10：08 | 「J南信用金庫 新橋支店」（東京都港区新橋○－○－○）付近に路上駐車し，同店へ入る。<br>藤原服装持物：茶系のスーツ，黒色の手提げバッグ。 |
| 10：23 | 藤原は同銀行を出，同 AUD○車運転席へ乗車し発進。 |
| 10：30 | 同 AUD○車は「ニュー新橋ビル」（東京都港区新橋○－○－○）に入りＢ３駐車場へ駐車。藤原は降車，西新橋方面へ移動。 |
| 10：44 | 藤原は「芝信用金庫 新橋支店」（東京都港区西新橋○－○－○）に入る。 |
| 11：12 | 藤原は同所を出て「新橋駅」方面へ徒歩で移動する。 |
| 11：18 | 「ニュー新橋ビル」駐車場へ戻り，同 AUD○車運転席へ乗車し発進。品川方面へ走行。 |
| 11：35 | 同 AUD○車，「Mプラザビル」（東京都港区芝○－○－○）Ｂ１駐車場に入り駐車。藤原は降車し移動。 |
| 11：40 | 藤原は同ビル１Ｆ「Ｓマルクカフェ 田町駅前店」に入店。単身喫煙室で過ごす。 |
| 12：04 | 藤原は同所を出て，徒歩で移動。 |
| 12：08 | 藤原は「Ｒ銀行 田町支店」（東京都港区芝○－○－○）２Ｆに入る。 |
| 12：54 | 藤原は同所内で合流した平岡と退出。 |
| 13：03 | 藤原，平岡は「喫茶室Ｌアール 田町三田口駅前店」（東京都港区芝○－○－○ 田町センタービル１F）に入店。喫煙室で話し合っている。 |

調査員は店内へ入り２名の会話聴取を試みるが，近い席が空いておらず困難な状況。

帰り際に平岡が月島方面へ行くという話のみ聞こえた。

| | |
|---|---|
| 13：33 | ２名，退店し別れる。<br>平岡は「新橋駅」方面へ移動。藤原は駐車場に戻る。 |
| 13：42 | 藤原が単身運転する同 AUD○車は同駐車場を出て，新橋方面へ走行。 |

| | |
|---|---|
| 13：55 | 同 AUD○車，「土橋 IC」から首都高速を箱崎〜浦安方面へ走行。 |
| 14：10 | 「市川 IC」から一般道を西船橋方面へ走行。 |
| 14：27 | 同 AUD○車，駐車場「タイムズ」（千葉県船橋市）に入り駐車。藤原は車内で待機の様子。 |
| 15：06 | 藤原が降車，「麻生喫茶店」（千葉県船橋市内）に入り，外山と合流。間もなく中田社長が現れ，合流する。<br>調査員2名，店内に入店し，会話を録音。 |
| 16：19 | 中田社長が退店する。藤原，外山は残り，話合いを続ける。 |
| 16：25 | 2名，退店し別れる。 |
| 16：30 | 藤原が駐車場に戻り精算後，同 AUD○車運転席に乗車し発進。「原木 IC」から京葉道路〜首都高速を東京方面へ走行。 |
| 17：20 | 「芝公園 IC」から一般道を自宅方面へ走行。 |
| 17：30 | 同 AUD○車，「やないクリニック」（東京都港区三田）前に路上駐車。藤原が降車し，同医院及び隣接する調剤薬局へ入る。 |
| 18：00 | 用事が済み，藤原は同 AUD○車運転席に乗車し同所を移動。 |
| 18：19 | 同 AUD○車，ガソリンスタンド「出光 」（東京都港区）に立寄り給油を行う。 |
| 18：30 | 藤原が同所を移動。自宅方面へ走行。 |
| 18：40 | 同 AUD○車，自宅マンションに到着。藤原はしばらく車内で電話をしている様子。 |
| 18：56 | 藤原が降車し，徒歩にて移動し「まいばすけっと」（東京都港区海岸）に入店。煙草，惣菜等を購入し退店。 |
| 19：03 | 藤原は喫煙後，駐車場側から自宅マンションへ入る，帰宅を確認。 |

<第２調査班>

| 時間 | 調査内容 |
|---|---|
| 07：00 | 調査員２名，対象者「外山　徹」（以下，外山と称す）自宅兼会社「株式会社 コア・ミラーズ」（千葉県浦安市○○）付近で張込みを開始する。 |
| 08：00～12：00 | 状況変化なし。 |
| 12：35 | 外山，自宅を出て，RV 車（白色　浦安○○こ 3535）運転席に乗車し発進。国道●号線方面へと直進。 |
| 12：40 | 同 RV 車，県道●号線に入る。 |
| 13：00 | 同 RV 車，「行徳」付近で停車。ハザードを点け，外山は誰かに電話をしている様子。<br>※外山の服装：グレーのスーツ，水色のワイシャツ。 |

| 時間 | 調査内容 |
|---|---|
| 13：42 | 同 RV 車，自宅駐車場に入り，外山が降車し帰宅。 |
| 14：19 | 外山が自宅を出て，再び同 RV 車運転席に乗車し発進。「西船橋」方面へ向かう。 |
| 14：31 | 同 RV 車，「タイムズ西船橋南口」（千葉県船橋市印内町○－○）に入り駐車。<br>※外山，しばらく車内で誰かに電話をしている様子。 |
| 14：53 | 外山が同 RV 車を降車，「西船橋駅」方面へ移動。 |
| 14：57 | 外山，「麻生喫茶店」（千葉県船橋市内）に入る。<br>※15：08　藤原が同所に入る。 |

| | |
|---|---|
| 15：05 | 更に，調査員２名が合流。「麻生喫茶店」内にて，会談中の藤原，外山，中田社長を確認。 |
| 15：17 | 調査員は，藤原，外山，中田社長会談中の隣のテーブルに着席し，調査を開始。 |
| 15：20 | 他調査員１名，当方と同席して調査開始。 |
| 15：30 | さらに調査員１名 別席にて調査開始。 |
| 16：18 | 中田社長が喫茶店を出る。藤原，外山は再び元の席に座り，談話を開始。 |
| 16：25 | 外山が退席し，喫茶店を出る。 |
| 16：26 | 藤原が精算し，喫茶店を出る。 |
| 16：35 | 藤原がテーブルの上に忘れたライターを取りに喫茶店に戻り，トイレを借りようとするも入室中であったため，そのまま喫茶店を出る。<br>外山は同RV車に乗り，船橋方向へ走る。途中信号にかかり失尾，外山宅張込み調査班と法務局確認調査班の二手に分かれて調査を実施。 |
| 17：00 | 外山宅張込み調査班が外山宅を確認したところ，車は戻っていない状況であったので，同所で張込みを開始する。 |
| 17：20 | 法務局確認調査班は，千葉地方法務局船橋市局（船橋市海神町○－○－○）に到着。法務局駐車場に車は一台も見当たらず。法務局内の業務は終了しており，職員が１名残っているだけであった。周辺道路にも外山の車両は見当たらず。法務局から徒歩１分に所在するコンビニエンスストアの駐車場にも外山の車両が見当たらなかった。 |
| 17：35 | 法務局確認調査班は，千葉地方法務局船橋市局での調査を終了する。 |
| 18：30 | 外山宅張込み調査班は，状況変化がないため，本日の調査を終了する。 |

調査実施日＝令和X年12月18日

＜第1調査班＞

記載省略

＜第2調査班＞

| 時間 | 調査内容 |
|---|---|
| 07：00 | 調査員2名，外山 徹（以下，外山と称す）の自宅兼会社「株式会社 コア・ミラーズ」（千葉県浦安市○○）付近で張込みを開始する。 |
| 08：00〜12：00 | 状況変化なし。 |
| 12：29 | 外山単身，自宅を出て，「浦安駅」方面へ徒歩で移動。 |
| 12：39 | 同駅改札を通過し，ホーム上で電車待ちをする。 |
| 12：43 | 東京メトロ東西線（三鷹行き）に乗車する。 |
| 13：16 | 「日本橋駅」で下車。東京メトロ銀座線（浅草行き）に乗換え乗車する。 |
| 13：18 | 「神田駅」で下車。改札を通過し中山道に出て南進する。 |
| 13：38 | 外山は「シミズ薬品株式会社 東京支店」（東京都千代田区○○−○○）に入る。 |
| 14：45 | 外山は同所から男性1名（40代）と共に出て，「神田駅」方面へ徒歩で移動。 |
| 14：52 | 2名，「神田駅」前で別れる。外山は，改札を通過しホームへ移動。 |
| 14：53 | JR山手線（東京品川方面行き）に乗車。 |
| 15：04 | 外山は「田町駅」で下車，乗り換える。<br>※行先を間違えた様子。 |
| 15：07 | JR山手線（東京上野方面行き）に乗車。 |
| 15：11 | 「浜松町駅」で下車。改札を通過し，都営大江戸線「大門駅」方面 |

| | |
|---|---|
| | へ移動。 |
| 15：15 | 「大門駅」改札を通過，ホームにて電車待ち。 |
| 15：19 | 都営大江戸線（六本木経由・光が丘行き）に乗車。 |
| 15：25 | 「六本木駅」で下車し，六本木ヒルズ出口方面へ移動。 |
| 15：30 | 改札を通過し，出口３から六本木ヒルズ方面へ移動。 |
| 15：38 | 「六本木ヒルズ　森タワー」（東京都港区六本木○－○－○）に入り同ビルエスカレーターを使用し２階へ移動。 |

| | |
|---|---|
| 15：48 | 外山，２階ロビーで前回食事した60代の男性及び女性と合流し立ち話をする。 |
| 18：20 | ３名，立ち話が終了し，同所を出て別れる。 |
| 18：26 | 外山，流しのタクシー（品川500う・９○○）に乗車。タクシーは神田方面へ走行。 |
| 19：04 | タクシー，「鮨 清兵衛」（東京都台東区浅草○－○○－○）前で停車し外山が降車。 |
| 19：05 | 外山，同寿司屋に入る。店内で男性１名（50代）と合流。 |

20：00～22：00　状況変化なし。

| | |
|---|---|
| 22：20 | ２名，同所を出て，流しのタクシーを拾う。 |
| 22：35 | タクシー「上野駅」前で停車。２名降車し，駅前で別れる。 |

| | |
|---|---|
| | ※調査員，接触男性を尾行。 |
| 22：36 | 男性（50代），「上野駅」改札を通過し，宇都宮線・高崎線ホームで「蓮田行き」のグリーン券を購入。 |
| 22：46 | JR宇都宮線（宇都宮行き）に乗車。 |
| 23：22 | 男性（50代），「蓮田駅」にて下車。 |
| 23：23 | 改札を通過すると走り出し，駅ロータリーのタクシー（1台のみ停車）に乗車し出発。<br>※調査員は走って追いかけるも，「東五丁目交差点」を左折したところで失尾。 |
| 24：00 | 当方及び他調査員は本部指示により本日の調査を終了する。 |

調査実施日＝令和 X 年 12 月 19 日

＜第1調査班＞

記載省略

＜第 2 調査班＞

| 時間 | 調査内容 |
|---|---|
| 07：00 | 調査員2名，外山 徹（以下，外山と称す）自宅兼会社「株式会社コア・ミラーズ」（千葉県浦安市○○）付近で張込みを開始する。 |
| 08：00～11：00 | 状況変化なし。 |
| 11：50 | 外山単身で外出。「浦安駅」方面へ移動。<br>※外山服装持物：グレーのダウンパーカー，スーツ，黒色手提げバッグ。 |
| 11：53 | 外山，「千葉銀行 ATM 浦安駅前」（千葉県船橋市本中山○－○－○）に入り利用。同所を出て浦安駅改札を通過，日本橋方面ホームにて電車待ち。 |
| 11：58 | 東西線（三鷹行き）に乗車。 |
| 12：26 | 「茅場町駅」で下車。日比谷線（中目黒行き）に乗り換え乗車。 |
| 12：55 | 「恵比寿駅」で下車。東口方面へ進行。 |

| | |
|---|---|
| 13：01 | 外山，「恵比寿アーバンビル」（東京都渋谷区恵比寿○－○○－○）に入りオートロックパネルを操作，建物内に入りエレベーターを利用し５Ｆに上がる。<br>※５Ｆ　503 号室に「神谷修一税理士事務所　株式会社サクセス合同会社ミヤノ会計」の表記有り。 |
| 14：25 | 外山，同ビルを出て徒歩で移動。 |
| 14：33 | 東京メトロ日比谷線「恵比寿駅」改札を通過。日比谷線（北千住行き）へ乗車。 |
| 14：50 | 日比谷線「神谷町駅」で下車。改札を通過し，地上へ出て移動。 |
| 15：00 | 外山，「虎ノ門柊ビル」（東京都港区虎ノ門○－○○）前にて，藤原，平岡，男性１名（40 代，眼鏡）と合流。４名エレベーターにて９Ｆ「ひまわり虎ノ門法律事務所」を訪問。 |
| 16：51 | ４名は弁護士事務所から退出し，ビル出入口付近で立ち話を行う。<br>その後，男性１名（40 代，眼鏡）が別れる。外山，藤原，平岡は挨拶をし，東京メトロ日比谷線「神谷町駅」方向へ移動。 |
| 17：00 | 外山，藤原，平岡は，東京メトロ日比谷線「神谷町駅」前で解散。外山は，「神谷町駅」へ入る。 |
| 17：04 | 外山，日比谷線（北千住行き）へ乗車。 |
| 17：21 | 外山は東京メトロ日比谷線「人形町駅」で下車。改札を通過し地上へ移動。 |
| 17：30 | 外山，「稲森薬品工業」（東京都中央区日本橋本町○―○○）へ入る。玄関付近で待機。 |
| 17：33 | 外山，「稲森薬品工業」から出てきた男性２名（20 代）と共に移動。<br>３名「Ｄトールコーヒー日本橋本町店」（東京都中央区日本橋本町○－○－○）に入店。 |

| | |
|---|---|
| 18：06 | 3名は，退店し解散。外山，東京メトロ日比谷線「人形町駅」方向に移動。 |
| 18：12 | 外山，東京メトロ日比谷線「人形町駅」に入り，改札を通過。 |
| 18：14 | 東京メトロ日比谷線（中目黒行き）に乗車。 |
| 18：20 | 「茅場町駅」で下車。東西線（東葉勝田台行き）に乗り換え乗車。<br>※18：45 調査員1名は「浦安駅」から引き返し藤原調査班応援に向かう。 |
| 18：51 | 「浦安駅」で下車。帰宅を確認。外山の調査を解除。 |
| 20：43 | 藤原，平岡，上澤弁護士（藤原の顧問弁護士），男性1名（30代）の4名は，居酒屋を退店後「月島駅」付近で解散。 |
| 20：45 | 弁護士，男性（30代）は「月島駅」に入り別れる。<br>※調査員，男性（30代）を追尾 |
| 20：50 | 大江戸線（両国都庁前方面）に乗車。 |
| 21：03 | 「森下駅」で下車。都営新宿線 （本八幡行き）に乗り換え乗車。 |
| 21：17 | 「本八幡駅」で下車。改札を通過し南口方面へ進行。 |
| 21：28 | 男性30代が帰宅。本日の調査を終了する。<br>※帰宅先，「メゾン・ド・フルール」（千葉県市川市八幡○－○○－○）オートロックの為，部屋番号未特定。 |
| 22：00 | 当方及び他調査員は本部指示により本日の調査を終了する。 |

調査実施日＝令和 X 年 12 月 20 日

<第 1 調査班>

| 時間 | 調査内容 |
|---|---|
| 08：00 | 調査員２名，藤原孝二（以下，藤原と称す）宅，「アークハイアット MINATO」（東京都港区海岸○－○○）付近で張込みを開始する。<br>※駐車場の AUD○車を確認。 |
| 09：48 | 同 AUD○車，自宅マンション駐車場を出て移動。 |
| 09：57 | 同 AUD○車「アネックス芝公園ビル」（東京都港区）の駐車場へ入る。藤原が降車。 |
| 09：58 | 藤原は同所に先に来ていた平岡と合流。 |
| 09：59 | ２名，同ビル８階の「メディカルソース株式会社」の総合受付に入る。 |
| 10：33 | 藤原が同ビルから出て喫煙を始める。 |
| 10：34 | 同ビルから平岡が出て，藤原と合流（迎えにきた様子）。<br>※藤原が喫煙を終え，２名は再び同ビル内に入る。 |
| 10：57 | 同ビルから藤原が出る。<br>※付近をうろつきながら喫煙を始める |
| 11：00 | 藤原が喫煙を終えビル内に戻り，ロビーをうろつく。 |
| 11：02 | ロビーで平岡と合流。２名，再びエレベーターで上階へ移動。 |
| 11：19 | 同ビルから藤原，平岡が出る。<br>※藤原は直ぐに喫煙を始める。 |
| 11：22 | 藤原，平岡，同所から出て徒歩にて移動。 |
| 11：23 | 藤原，平岡，「Ｄトールコーヒーショップ」（東京都港区芝）に入店。 |
| 12：22 | 藤原，平岡，同所を出て移動。 |
| 12：25 | 藤原，平岡，「アネックス芝公園ビル」付近で別れる。 |

| | |
|---|---|
| | ※平岡は徒歩で西進しながら，携帯で通話を始める。<br>※藤原は同 AUD○車運転席に乗車し移動。 |
| 12：32 | 同 AUD○車，「東京法務局　港出張所」（東京都港区東麻布○－○－○）付近の路上に停車。藤原が降車し同所に入る。 |
| 12：38 | 藤原が同所から出て，同 AUD○車運転席に乗車し発進。 |
| 12：52 | 同 AUD○車，自宅マンションの北側に路上駐車。<br>※藤原，勝手口から一時帰宅した様子。 |
| 13：13 | 藤原が自宅マンションを出て，同 AUD○車運転席に乗車し発進。<br>※13：30　同 AUD○車は西新橋交番前交差点の右折レーンで右ウインカーを出して右折待ちするも，信号が変わる直前に左折した為，警戒を考慮し追尾を一時中断する。 |

| | |
|---|---|
| 13：38 | 「新橋東口公共駐車場」（東京都港区新橋○－○）地下１階で同 AUD○車を発見。 |
| 13：41 | 藤原がエレベーターで地下１階に現れ，同 AUD○車から荷物を取り出す。 |
| 13：44 | 藤原はエレベーターで地上に上がり，「新橋駅前ビル１号館」（東京都港区新橋○－○－○）方面へ移動。 |
| 13：47 | 藤原は「巴裡 小川軒 新橋店」（東京都港区新橋○－○－○）に入店。<br>※洋菓子を購入した様子。 |

| | |
|---|---|
| 13：53 | 藤原が同店を出て移動。 |
| 13：57 | 藤原が「新橋クリニック」（東京都港区新橋）に入る。 |
| 14：54 | 藤原は同所を出て，移動。<br>※「スターファースト 株式会社」（東京都港区西新橋）に入る。 |
| 15：10 | 藤原，同所を出て，「新橋駅前ビル１号館」方面へ移動。 |
| 15：23 | 藤原は「喫茶店Ｒノアール　新橋汐留口駅前店」（東京都港区新橋○－○－○新橋駅前ビル２号館１階）に入店。 |

| | |
|---|---|
| 16：50 | 外山が合流。 |
| 17：45 | 藤原，外山，同所を出る。外山は「新橋駅」方向へ移動。藤原はエレベーターホールへ移動。 |
| 17：46 | 藤原は「新橋駅前ビル１号館」地下から「新橋東口公共駐車場」（東京都港区新橋○－○）へ移動。 |
| 17：51 | 藤原単身運転する同 AUD○車，地下駐車場から出て移動。 |
| 17：58 | 同 AUD○車の行先不明。<br>※複合ビル「新虎通り CORE」（東京都港区新橋○－○－○）の機械式駐車場に入った様子。<br>※同 AUD○車は「新虎通り CORE」を出た後，寄り道をしながら自宅方面へ向かう。 |
| 18：48 | 同 AUD○車，自宅マンション駐車場に入る。帰宅を確認。 |
| 19：30 | 当方及び他調査員は本部指示により本日の調査を終了する。 |

<第 2 調査班>

記載省略

## 9　結果

依頼者は，喫茶店内での調査員による藤原・平岡・外山の３名の会話録音から判明した，３名による仕入れ製品横流しの事実を理由に，12 月 15 日に藤原・平岡・外山３名に対して解雇通告をしました。

その後の調査にて，藤原・平岡・外山の３名は，依頼者の会社である「ミライ化学薬品株式会社」取引先や，関係弁護士事務所に対するアプローチを継続し，「ミライ化学薬品株式会社」が業務としている事業の乗っ取りを企てていると推考される事実を確認するに至りました。

弊社は，依頼者の希望により，専門の弁護士を紹介しました。

依頼者，弁護士，弊社代表で管轄の警察署に出向き，証拠となる調査結果等を提示し被害届を提出。依頼者の父「藤原孝二」を横領罪で告訴しました。

# 5 取引先会社の信用性・反社会的勢力との関係性を調査した案件

**（反社チェックの例）**

**1　依頼の概要**

本案件は「一般社団法人　IT 促進機構」の前役員からの依頼でした。

「一般社団法人　IT 促進機構」とは，インターネット利用可能な環境・設備導入を全国的に推進するために，大手 IT 企業数社からの出資で構成された団体です。

「一般社団法人　IT 促進機構」は，全国の中小企業や各家庭にインターネットシステムの導入推進・設置することを目的とし，各県ごとに順番にプロジェクトを進めています。今回，A県にてプロジェクトを進めるにあたり，同県内で有力な不動産会社「株式会社 大前不動産（仮称）」と業務提携をすることが不可欠でした。「株式会社 大前不動産」にプロジェクトへの参入を提案したところ，同社の傘下で，B市内での営業実績がある「大前管理 ES 株式会社」を窓口として事業提携したいとの回答があり，同社の提案に沿って提携することになりました。しかし，契約を結ぶにあたり，「大前管理 ES 株式会社」はさらに２つの会社を経由して事業を展開することを条件として提示してきました。

「大前管理 ES 株式会社」は，最初の打合せの場に「株式会社 エヌ・ジーネット」という会社の社員３名を同席させ，彼らを「株式会社 大前不動産」の関連会社として受け入れることを依頼者側は余儀なくされました。依頼者側は，「株式会社 エヌ・ジーネット」の社員と話を進める中で，社員３名がまるで意思疎通ができていない，寄せ集めのメンバーのような印象を受けました。また，「大前管理 ES 株式会社」は「株式会社 エヌ・ジーネット」の他にさらに「株式会社 グッドフォレスト」という会社を経由すよう提案してきました。しかし，依頼者側が明らかに困惑する様子を見せたためか，直ぐにその提案はあやふやにしました。さらに，「大前管理ES 株式会社」は担当弁護士として「三浦英一」という人物を紹介してきました。

「大前管理ES 株式会社」の提案に違和感を覚えた依頼者側は，A県が指定暴力団本部の所在地であること，B市も反社会的勢力の影響が根強く残る地域であり，今後のA県におけるプロジェクト推進に大きな懸念を感じました。

そこで，弊社が今回のプロジェクトの進め方について「一般社団法人　IT 促進機構」から相談を受けたのです。

### 2　依頼者

「一般社団法人　IT 促進機構」全役員

所在地　東京都港区高輪○○－○○　高輪電気ビル３階

### 3　調査対象企業・人物

①氏名　木村誠一郎（代表取締役）
住所　A県B市○田町○○○－○
勤務地　株式会社 エヌ・ジーネット
名刺記載所在地　A県B市中央区北大路５－○○－８
北大路第１トーシンビル 102 号
謄本記載所在地　A県B市大字堺○－○○

②氏名　三浦英一（弁護士）
勤務地　三浦法律事務所
所在地　A県M市北園２－○－○

③社名　株式会社 RDC パートナーズ
所在地　A県B市中央区北大路５－○○－８
北大路第１トーシンビル 102 号

④社名　　株式会社 グッドフォレスト
所在地　　A県B市南西区○○－○○　グレース南西 502 号室

⑤社名　　大前管理 ES 株式会社
所在地　　A県B市中央区北大路３－○○－４　西京ビル 306

## 4　調査目的

A県におけるプロジェクト推進において関係する企業，人物における信用調査，および反社会的勢力との関連性の有無。

## 5　調査方法の検討

依頼者側の要望などを聴取し調整した結果，以下の調査を順次実施することを決定しました。

### ①　事前調査

「株式会社 エヌ・ジーネット」所在地にて，現地確認調査を実施する。

### ②　行動調査

「株式会社 エヌ・ジーネット」所在地，および代表取締役である「木村誠二」の自宅周辺にて張込み調査を実施し，「株式会社 エヌ・ジーネット」に出入りする人物の身元を調査するため，その自宅を確認する。

### ③　机上調査

依頼者側からの聴取の中で得た情報のうち，本案件において要となる関連企業・関連人物，および担当弁護士に関する調査を，謄本取得・WEB 検索，およびその他特殊データーで検索，電話確認調査等によって実施する。その調査項目は以下のとおり。

●対象企業・人物に関する調査
●担当弁護士に関する調査

●関連企業・人物に関する調査

## 6　調査期間及び実施日（1）

依頼者側の要望などを聴取し調整した結果，以下の日程で調査を実施することに決定しました。

内訳　事前調査　令和X年7月18日
　　　机上調査　令和X年7月18日～19日

## 7　調査の実施（1）

### ①　事前調査

調査実施日＝令和X年7月18日

A県所在の提携先である探偵社調査員が，「株式会社 エヌ・ジーネット」の現地確認調査を実施した結果，「株式会社 エヌ・ジーネット」の所在地として依頼者が受け取った名刺に記載されていた「北大路第1トーシンビル102号室」には，「株式会社 エヌ・ジーネット」の表札はなく，代わりに**「株式会社 RDCパートナーズ」**と記載された表札が確認できました。

### ②　机上調査

調査対象会社である「株式会社 エヌ・ジーネット」と，現地確認調査で判明した**「株式会社 RDCパートナーズ」**についてWEBや謄本等による調査，電話確認調査等の机上調査を実施した結果，以下の事実が判明しました。

| 「株式会社 エヌ・ジーネット」の登記簿謄本によれば，「木村誠二」という人物が，代表取締役に就任した同日中に，代表取締役を退任し，代わって「木村誠一郎」という人物が新たに代表取締役に就任する，という不可解な異動記載が存在していました。 |
|---|
| 「株式会社 エヌ・ジーネット」の登記簿謄本に記載された会社所在地が，依頼者が受け取った名刺記載の会社所在地と異なっており，謄本記載の所在 |

地は，「株式会社 エヌ・ジーネット」前代表取締役「木村誠二」の自宅住所「A県B市大字堺○－○○」であると判明しました。

「株式会社 エヌ・ジーネット」の登記簿謄本により，「株式会社 エヌ・ジーネット」現代表取締役である「木村誠一郎」の自宅住所が「A県B市○田町○○○－○」であると判明しました。

登記簿謄本により，**「株式会社 RDC パートナーズ」**の元代表取締役「木村勝信」の自宅住所が，「株式会社 エヌ・ジーネット」の登記簿謄本上の所在地（前代表 木村誠二自宅）と同一であると確認しました。さらに，当地の土地家屋所有者は，「木村勝信」であると判明しました。

「木村誠一郎」「木村誠二」両者の自宅住所における登記簿謄本を確認した結果，どちらも，この数年の間にB市による差押えにあっていることが判明しました。

- 「木村誠一郎」（現代表）自宅→平成 25 年 9 月差押え
- 「木村誠二」（前代表）自宅→平成 29 年 12 月差押え

「株式会社 エヌ・ジーネット」現代表取締役である「木村誠一郎」，前代表取締役である「木村誠二」は，両者とも自宅差押え後に，「株式会社 エヌ・ジーネット」の役員に就任しており，現在は両所とも差押えが解除されていることが判明しました。

「株式会社 エヌ・ジーネット」の会社謄本に記載された事業目的には，インターネット設備における「施工・設置」という記載は一切ないことが判明しました。各官公庁のホームページ，および官公庁窓口への電話確認調査によってもその点は確認できました。

「株式会社 エヌ・ジーネット」が電気通信設備における工事に携わる場合には，「建設業許可における電気通信工事業許可」を取得し，届出を行う義務が発生します。

しかし，「株式会社 エヌ・ジーネット」においては，国土交通省の「建設業者・宅建業者等企業情報検索システム」，各官公庁のホームページ，および官公庁窓口への電話確認調査によって「建設業者」としての許可・届出を

| |
|---|
| 行っていないことが明らかになりました。 |
| 「株式会社 エヌ・ジーネット」と所在地を同じくする「株式会社 RDC パートナーズ」は，会社謄本に記載された事業目的に「とび・土木・コンクリート工事の設計・施工・管理」「土木一式工事，建設一式工事の設計・施工・管理」「不動産の売買・賃貸借・仲介・斡旋および管理」「宅地建物取引業」「産業廃棄物処理・運搬」「太陽光発電・風力発電等新エネルギー装置の設計・据置工事」との記載がありますが，本件事業に必要な「宅建建物取引業者」「建設コンサルタント」「マンション管理業者」「住宅宿泊管理業者」「賃貸住宅管理業者」「不動産鑑定業者」としての届出が一切されていないことが，各官公庁のホームページ，および官公庁窓口への電話確認調査によって明らかになりました。 |
| A 県警察ホームページ内に掲載される「行政処分を受けた業者」。<br>A 県ホームページ内に記載される「A 県が実施した事業者処分情報」。<br>A 県 B 市ホームページ内に記載される行政処分情報。<br>以上，3つのデーターベースを確認しましたが，「株式会社 エヌ・ジーネット」，「株式会社 RDC パートナーズ」に関する情報はありませんでした。 |
| 「株式会社 エヌ・ジーネット」「株式会社 RDC パートナーズ」について，不法行為や，犯罪と結びつく情報は WEB 上では見当たりませんでした。 |
| 「株式会社 エヌ・ジーネット」現代表取締役である「木村誠一郎」が，住居型有料老人ホーム「ケアホーム　憩の家」の管理者である事実を確認しましたが，それ以外の電気通信事業と本人との関係を示唆する情報は確認できませんでした。<br>なお，有料老人ホーム「ケアホーム　憩の家」の悪評は WEB 上にては見当たりませんでした。 |

「株式会社 エヌ・ジーネット」謄本（一部抜粋）

| 会社法人等番号 | |
|---|---|
| 商　号 | 株式会社 |
| 本　店 | 県　市 |
| 公告をする方法 | 当会社の公告方法は，官報に掲載する方法により行う |
| 会社成立の年月日 | 平成　年　月　日 |
| 目　的 | 1．インターネット等の情報通信システムによる情報提供、情報処理、収集、販売に関する業務<br>2．インターネット接続サービス業<br>3．インターネット等、情報通信による不動産の流通システムの開発及び企画コンサルタント業務<br>4．インターネット等の情報通信システムの開発事業の運営<br>5．インターネット等の通信手段として利用する電力線搬送システム及びそれらの付属品に関する調査研究とその受託<br>6．インターネット等の通信手段として利用する電力線搬送システムに係るソフトウェアの開発、設計、販売 |

※特定防止のため，ぼかしを入れたものです。

「株式会社 RDC パートナーズ」謄本（一部抜粋）

| 会社法人等番号 | |
|---|---|
| 商　号 | 株式会社 |
| 本　店 | 市　区 |
| 公告をする方法 | 官報に掲載する方法により行う。 |
| 会社成立の年月日 | 平成２５年　月　日 |
| 目　的 | 1　環境保全に寄与する太陽光発電、風力発電等の新エネルギー装置の研[illegible]企画開発、設計、製造、販売、据付工事、保守及び管理<br>2　介護保険法に基づく通所介護及び介護予防通所介護事業<br>3　有料老人ホームの経営<br>4　特定施設入居者生活介護及び介護予防特定施設入居者生活介護事業<br>5　土木一式工事の設計、施工、管理<br>6　建築一式工事の設計、施工、管理<br>7　とび・土工・コンクリート工事の設計、施工、管理<br>8　産業廃棄物の処理、運搬<br>9　不動産の売買、賃貸借、仲介、斡旋及び管理<br>１０　宅地建物取引業<br>１１　非常用発電設備の点検、整備<br>１２　[illegible]の製造販売<br>１３　インターネットショッピングに関する事業<br>１４　アプリケーションの企画、設計、開発、制作、販売、運用管理<br>１５　インターネットのウェブ・コンテンツの開発、制作、管理並びに保守<br>１６　パソコン・サーバーの製造、販売 |

※特定防止のため，ぼかしを入れたものです。

## 8 調査結果の検討（1）

依頼者側が設置工事の請負として指定した「株式会社 エヌ・ジーネット」は，インターネット等の電気通信工事に従事するために必要な，「建設業者」としての許可・届出が国土交通省になされていない事実が判明しました。ただし，「株式会社 エヌ・ジーネット」の会社謄本に記載された事業内容には，「施工・設置」という記載は一切ないものの，「インターネット等…に関する業務」「インターネット等…コンサルタント業務」等の表現でインターネット関連業務を記載していました。

元警察の方の話によれば，「建設コンサルトタント」という職業が，反社会的勢力の仲介業的な役割をする例が少なくないということでした。また，弊社が投資詐欺の案件を扱うときも，加害者は「投資コンサルタント」等の何らかの「コンサルタント」と自身を称するパターンが多いことがあります。このように「コンサルタント」という業種名は明確な規定がない職種のため，都合良く使用されている現状は否めないようです。

しかしながら，依頼者側が実施するプロジェクト事業の実際の業務には，インターネット機器等の「施工・設置」作業が必要不可欠です。県内でも有数の大手不動産会社である「大前不動産」および，その傘下の「大前管理ES 株式会社」がその事実に関して無知識なはずはなく，一般的に判断しても，無資格である「株式会社 エヌ・ジーネット」を施工会社として指定することは，不自然であると考えざるを得ません。

また，依頼者側が「株式会社 エヌ・ジーネット」現代表取締役「木村誠一郎」他，社員２名から渡された名刺に記載された所在地には，実際は「株式会社 エヌ・ジーネット」ではなく，「株式会社 RDC パートナーズ」が所在していました。現状にあわせ，「株式会社 RDC パートナーズ」の元代表取締役「木村勝信」の自宅住所は「株式会社 エヌ・ジーネット」の登記簿謄本上の所在地（木村誠二自宅）と同一であることからも，両社の繋がりを否定できないと判断しました。

「株式会社 RDC パートナーズ」の事業目的の中に「有料老人ホームの経営」が含まれていることから，「木村誠一郎」が「ケアホーム　憩の家」の管理者を兼務しているという事実は，両社のつながりを考慮すれば納得できます。

さらに「株式会社 RDC パートナーズ」においては，謄本上の事業目的を実施するために必要な届出が一切されていない事実に加え，登記簿謄本による調査で，以下の事実が判明しました。

①「株式会社　エヌ・ジーネット」の登記簿謄本上の所在地を住所とする「木村勝信」が「株式会社 RDC パートナーズ」の代表取締役に就任していました。

↓

②　その直後，「株式会社　エヌ・ジーネット」現代表取締役の「木村誠一郎」の自宅の差押えが解除されています。

↓

③　数年後，「株式会社 RDC パートナーズ」の代表取締役「木村勝信」は就任中に，自宅の土地家屋を差押えられました（自宅住所は「株式会社　エヌ・ジーネット」の登記簿謄本上の所在地）

↓

④「株式会社　エヌ・ジーネット」の代表取締役として「木村誠二」（前代表）が就任した直後，「木村勝信」及び「木村誠二」の自宅（同一住所）の差押えが解除されています。

一般的に，新しい会社を設立後，ある程度の期間を経て会社経営を黒字にしてコンスタントに利益を出し，借金を返済するというのは納得できますが，上記の記載事実から判断すれば，自宅の土地家屋に根抵当権も設定されておらず，新会社就任直後に借金を一度に返済し，差押えを解除したことになります。数千万もの借金を一体どうやって短期間に調達したのかは疑問です。新会社設立時に会社名義で借金したことも考えられますが，自宅を市に差押さえられた人物が，銀行からの融資を受けられるとは，にわかには考えられません。もし，彼らが何らかの理由で反社会的勢力とのつながりを持ち，いわゆる「フロント企業」の役割を担当する条件で融資を受けたと考えれば，辻褄はあいます。

弊社はさまざまな可能性を考慮しつつ，さらに調査を進めることにしました。

### 9　調査期間及び実施日（2）

| | |
|---|---|
| 行動調査 | 令和X年7月19日～7月30日 |
| 聞込み調査 | 令和X年7月20日 |
| 机上調査 | 令和X年7月19日～7月30日 |

### 10　調査の実施（2）

#### ①　行動調査

「株式会社 RDC パートナーズ」に出入りする人物に対して，12日間にわたり尾行調査を実施し，身元が判明するように，自宅所在地を確認する調査を実施した結果，「株式会社 RDC パートナーズ」に出入りする，以下の人物の自宅・使用車両が判明しました。

1．男性A：「大矢 正道（仮名）」住所・使用車両判明。
2．男性B：「渡辺 一夫（仮名）」（男性の立寄り先である市役所にて，男性Aが記入している用紙上にて確認）住所・使用車両が判明。
3．男性C：氏名不詳　住所が「株式会社 エヌ・ジーネット」・「株式会社 RDC パートナーズ」が所在する「北大路第1トーシンビル」内の205号室であると判明。
4．男性D：氏名不詳　使用車両判明　自宅マンション判明（部屋番号 不明）

5．男性Ｅ：「NONAKA」（自宅表札により判明）住所・使用車両判明。
6．男性Ｆ：氏名不詳　住所・使用車両未確認　タクシーにて現地に来訪
7．女性Ａ：「雨宮敏子（仮名）」住所判明　「株式会社 RDC パートナーズ」事務員であると判明

12 日間の調査により，男性Ａが同地区内に所在する「誠光ビル」（Ａ県Ｂ市中央区〇〇－〇〇）に数回に渡って出入りしていることが判明しました。

同時に「株式会社 エヌ・ジーネット」現代表取締役「木村誠一郎」自宅周辺にても尾行・張込み調査，および聞込み調査を実施した結果，調査員は以下の情報を入手しました。

- 前代表取締役の「木村誠二」は，「木村誠一郎」の息子である。
- 「木村誠二」は妻・娘と共に，頻繁に「木村誠一郎」の自宅に出入りしていた。
- 「木村誠一郎」は，少し前まで，自宅でインターネット関係の仕事をしていた。
- 「木村誠一郎」は，現在は個人で自動車販売の仕事をしているらしい。
- 「木村誠二」は社交的であり，近所の住人にも愛想よく接している。
- 「木村誠二」は，評判が良くない人物との交流があるようだ。

さらに，令和Ｘ年７月 20 日の調査にて，この日から，「株式会社 エヌ・ジーネット」の名刺上の所在地であり，「株式会社 RDC パートナーズ」謄本上の所在地である「北大路第１トーシンビル 102 号室」のドア表札が「株式会社 シティプロジェクト」という表記に変わっていました。また，となりの 103 号が「株式会社 RDC パートナーズ」と表記されていることが判明しました。しかし，郵便ポストの表札は，103 号が「合同会社 RDC」「株式会社 シティプロジェクト」 102 号が「株式会社 RDC パートナーズ」となっていて，ドア表

札の表記と異なっていることも確認しています。おそらく，102号と103号は2部屋共に，「株式会社 RDCパートナーズ」と関連のある会社だと推測されます。

② 机上調査

12日間の行動調査にて判明した「株式会社 RDCパートナーズ」への出入り人物にあわせて，謄本上に記載された「株式会社 RDCパートナーズ」の役員，元役員対する，WEB，謄本等による調査を実施した結果，以下の事実が判明しました。

| |
|---|
| ・男性Aである「大矢正道（仮名）」は，12日間の調査中に何度か立寄った「誠光ビル」内に所在する「株式会社 西健」という建設会社の取締役であることが判明し，さらに，「株式会社 RDCパートナーズ」と表札が入れ替わっていた会社「株式会社 シティプロジェクト」の役員であることが判明しました。 |
| ・男性Dが，「株式会社 シティプロジェクト」の代表取締役「辻井忠彦（仮名）」であると判明しました。 |
| ・男性E が，「株式会社 RDCパートナーズ」代表取締役である「野中隆三（仮名）」であると判明しました。 |
| ・男性Cが，「株式会社 エヌ・ジーネット」「株式会社 RDCパートナーズ」「株式会社 シティプロジェクト」が所在する「北大路第1トーシンビル」のオーナーの親戚であり，管理人として205号室に住居していると判明しました。 |
| ・「株式会社 シティプロジェクト」の設立登記がされた日は，依頼者側と「株式会社 エヌ・ジーネット」との契約が決まった後でした。 |
| ・「株式会社 RDCパートナーズ」役員のうち2名，元役員1名が，過去に自己所有の会社を自己倒産させている事実が判明しました。 |
| ・WEB上にて「株式会社 RDCパートナーズ」元代表取締役である「木村 |

勝信」と同姓同名であり，かつ，現在の推定年齢と合致する人物の犯罪歴に関する情報を確認しましたが，本人と直接結びつく情報は確認できませんでした。

## 11　調査結果の検討（2）

12日間の行動調査と，行動調査によって入手した情報を手掛かりとした机上調査を実施しましたが，身元が明らかになった人物の中にも，「株式会社 エヌ・ジーネット」および「株式会社 RDC パートナーズ」役員・元役員の中にも，反社会的勢力との繋がりを明らかに示唆する情報は確認できませんでした。

ただし，「株式会社 RDC パートナーズ」役員の中の２名，元役員１名に，過去に会社を自己倒産させた経験があることが判明しています。警察 OB の見解では，借金返済のために自己倒産をする反社会的勢力の「フロント企業」※1の運営に，協力する会社の例もあるとのことです。

また，「株式会社 RDC パートナーズ」の所在地の表札が，調査中に「株式会社 シティプロジェクト」という会社に替わった事実と，「株式会社 RDC パートナーズ」に出入りしていた人物が「株式会社 シティプロジェクト」の役員である事実とを踏まえると，２社間に何らかの関係があることは明らかであり，「株式会社 シティプロジェクト」の謄本に記載された事業目的は「都市計画事業の企画・立案業務」「電気通信工事の設計」など，まるで依頼者側のプロジェクトにあわせて設定されたかのような記載内容であるという印象を受けました。

さらに，名刺に記載されていた所在地である「北大路第１トーシンビル」に「株式会社 エヌ・ジーネット」の表札がなかった事実，前代表取締役であり，現役員でもある「木村誠二」と，現代表取締役の「木村誠一郎」の両者が，12日間の調査中に一度も「株式会社 エヌ・ジーネット」に出社していない事実は，大きなプロジェクト業務に携わろうとする企業の動向としては極めて不自然であるといえます。さらに，現代表取締役の「木村誠一郎」が「個人で自動車販売の仕事を営んでいる」という周辺住民からの情報も無視できないと考えられます。

以上の情報を重ねあわせ総合的に判断すると，「株式会社 エヌ・ジーネット」が実体のない企業「フロント企業」である可能性が極めて高いという結論に導かれます。

### 12 調査の実施（3）

依頼者側が，プロジェクトをＢ市にて展開するにあたり，窓口として指定された①「大前管理ES 株式会社」，担当弁護士として紹介された②「三浦英一」，「大前管理ES 株式会社」の関連会社内の一社として提案された③「株式会社 グッドフォレスト」に関する机上調査を実施し，悪い評判や反社会的勢力との繋がりを示唆するような事実の有無を調査した結果，以下のような情報を入手しました。

#### ①「大前管理 ES 株式会社」

WEB上の５ちゃんねるサイト等にて，「大前管理ES 株式会社」に関する幾つかの悪評が確認できました。

（内容）

| |
|---|
| ・マナーの悪い住人に注意してもらうよう頼んだが，対処してもらえなかった。駐輪場のマナー違反についても 一切改善なく，同様の結果だった。 |
| ・入居日に，設備屋らしき人物が突然鍵を開けて借りている部屋に入ってきました。 鍵を交換しているはずの部屋に侵入され大変驚きました。誰もいない留守中であったら何をされていたかと考えると，大変不安になりました。 |
| ・入居前の契約時には，エアコンは分解洗浄済みと説明を受けていたが，入 |

| |
|---|
| 居後確認してみるとエアコンの中はカビだらけで，ルーバーも壊れていました。再度管理会社に確認したら，そこまではしていないので自費でクリーニングをするようにいわれました。その後，説明も謝罪も一切ありませんでした。 |
| ・入居物件に給湯器の不具合でお湯が出ず，水しか出ませんでした。あるべき電気器具は撤去されていて，網戸は破れていました。また，壁には落書きもあったため，何度も電話し修理を依頼したが担当者にはつながらず，そのまま放置されています。 |

② 「三浦英一」弁護士

「三浦英一」弁護士に関して調査を実施した結果，WEB 上にて以下の情報を入手しました。

| |
|---|
| Ａ県Ｂ市の弁護士が，Ａ国税局から所得およそ１億○○円の申告漏れを指摘されていたとして，Ａ県弁護士会はこの弁護士を戒告の懲戒処分としました。<br>なお，弁護士報酬を過大に請求したとして，処分を受けたのは，Ａ県Ｂ市に事務所を構える「三浦 英一」弁護士（56）でした。 |
| 「三浦 英一」弁護士は，おそらく適正に税理士業務を行える能力がないにも関わらず，名義貸しをして小遣い稼ぎをするために税理士登録を行っていたと思われます。（弁護士法第３条２項は『弁護士は，当然，弁理士及び税理士の事務を行うことができる。』と定めており，弁護士資格を持つ者が税理士登録をすれば税理士業務を行う事は可能です。） |
| ２回目の懲戒処分であるにもかかわらず，長期間の名義貸しをしていた「三浦英一」弁護士に対し，Ａ県弁護士会はわずか１か月の業務停止という処分で済ませていました。 |

③「株式会社 グッドフォレスト」

謄本による調査で,「株式会社 グッドフォレスト」に関しては以下の情報を確認できました。まず違和感があるのは,「株式会社 グッドフォレスト」の謄本に記載された事業目的の内容です。「株式会社 グッドフォレスト」がITプロジェクト推進のために委託会社として指定された理由が,そこからはまるで見出せませんでした。

その事業内容は,芸能活動に結びつくものがほとんどです。一概には言えませんが,芸能・スポーツの興行に関しては,昔から暴力団との関係性が示唆されています。

「株式会社 グッドフォレスト」謄本（一部抜粋）

| 会社成立の年月日 | 平成　年　月　日 |
|---|---|
| 目　的 | 1．芸能家、音楽家、俳優、演芸家等の[illegible]<br>2．演劇、映画、音楽、美術等の各種文化教室[illegible]<br>3．演劇、映画、音楽、美術、スポーツ、その他の文化[illegible]<br>4．演劇、映画、音楽、美術、スポーツ等各種催物のチケットの販売並びに[illegible]<br>[illegible] イベントの企画、構成及び運営、並びに芸能及びスポーツに[illegible]<br>[illegible] 各種イベントの会場設営に関する請負業<br>7．印刷物の企画、デザイン、編集、印刷、製本、販売、配送に関する業務<br>8．ゲーム用ソフトウェア、コンパクトディスク、レコード、録音テープ、ビデオテープ、ビデオディスク等の音楽、映像[illegible]製作、企画及び販売<br>9．一般労働者派遣事業及び特定労働者派遣事業<br>10．日用雑貨品、毛皮・コート・皮革製品、宝飾品、時計、眼鏡、化粧品の輸出入及び国内販売並びに通信販売<br>11．歌手、タレント及び物語、漫画等の登場人物の名前等を使用し、若しく[illegible]時計、[illegible]の企画、製作、販売<br>12．広告・宣伝の企画、制作、コンサルティング<br>13．コマーシャル、ビデオテープの制作及び販売<br>14．テレビ局・タレント・興行者等に対するスポンサーの斡旋<br>15．通信販売コンサルティング<br>16．講演会の開催<br>17．セキュリティ関連品の販売、斡旋、仲介、輸出入、取付工事<br>18．不動産の売買、交換、賃貸、仲介、斡旋、管理<br>19．上記各号に付帯する一切の業務<br>平成　年　月　日変更　平成　年　月　日登記 |
| 発行可能株式総数 | 1000株 |

※特定防止のため，ぼかしを入れたものです。

また謄本からは，以下の事実も確認できました。

| |
|---|
| •「株式会社 グッドフォレスト」は平成X年7月○日に「株式会社 日中華山電視」という商号から変更されていました。 |
| •「株式会社 日中華山電視」では，平成X年9月○日に「金 暁（仮名）」という人物が代表取締役を辞任し，同日「株式会社 グッドフォレスト」の元代表取締役である「徳田 治（仮名）」が，代表取締役に就任しています。 |
| •「株式会社 グッドフォレスト」の所在地「A県B市南西区○○－○○ グレース南西502号室」は，「徳田 治」の自宅住所と一致しました。 |

さらに，調査を進める中で，A県F市の市長「徳田嗣治」と，「株式会社 グッドフォレスト」の元代表取締役（現取締役）の「徳田 治」とが同一人物である可能性を示唆する情報を入手しました。

> 徳田嗣治（とくだつぐはる，1960年3月15日 - ）は，日本の政治家。本名および旧芸名は「徳田 治」。かつては，A県を拠点にしたテレビレポーターとして活動し，時代劇を得意とした俳優でもある。A県F市長。
> （ウィキペディアより）

なお，現在の「株式会社 グッドフォレスト」代表取締役は，「徳田正美（仮名）」という人物です。WEB上の情報からも，本人に関する情報からも，「徳田嗣治」の妻が「徳田正美」であるという事実が確認できました。

以上のことから判断して，「株式会社 グッドフォレスト」元代表取締役の「徳田 治」とA県F市長「徳田嗣治」が同一人物であると推測されます。

以上の情報を踏まえ，再度謄本調査を実施しました。

201X 年（平成 X 年）6月 X 日に，「徳田嗣治」がＦ市長として初当選。

同日に，「徳田 治」が「株式会社 グッドフォレスト」の代表取締役を辞任し「株式会社 グッドフォレスト」の本店住所を，別の場所から，現在の「徳田治」の自宅住所であるＡ県Ｂ市南西区○○－○○　グレース南西 502 号室」に移転しているという事実が判明しました。

またさらに，WEB 上で，「徳田嗣治」(徳田 治) とＦ市や，Ａ県を拠点とする指定暴力団「××会」との繋がりを示唆するような情報を確認しました。

> 「徳田 嗣治」は，元芸能人で競艇番組しか出演しない４流タレントだったが，指定暴力団「××会」に借りを作ってしまったため，「市長になるよう」脅されたようです。

実際，WEB 上には，かつて芸能人として活動していた時期に，「徳田嗣治」が数々の競艇関係のメディアに登場していた事実が確認できました。その内容は，競艇に関して素人でも徳田の競艇に対する執着が感じられるほどのものでした。

ゆえに，上記の情報が事実であるという前提で判断すれば，徳田が競艇の資金を指定暴力団「××会」の息のかかる消費者金融から借り，負債を抱えたという流れは不自然ではないと推定されました。

その他にも，以下の２つの情報を入手しました。

| 過去にA県F市議会議員の中に，指定暴力団「××会」の組員が存在していた事実があり，平成X年には，指定暴力団「××会」との関係を示唆して取引先の男性から現金を脅し取ったとして，A県警が恐喝容疑でA県F市の同市議「金村光弘」(74) 他3名を恐喝容疑で逮捕したという新聞の記事がありました。 |
|---|
| 現市長「徳田嗣治」とF市長選で競った「斎藤清吾」という人物が，市長選後に不可解なバイク事故で死亡していました。ネット上ではおそらく指定暴力団「××会」に殺されたという，(5ちゃんねるサイトでの) 書き込み情報がありました。 |

## 13　調査結果の検討 (3)

「大前管理ES 株式会社」，弁護士「三浦英一」「株式会社 グッドフォレスト」に関する机上調査では，WEB上に悪評が存在していました。もちろん，特に5ちゃんねる等の「書込みサイト」と呼ばれるようなところから入手した情報は100パーセント真実ではないことを勘案しなければなりませんが，そういったところに散在する情報の中には，世間には公表できない人々の怒り・不安不満の訴えが混在していることもあるので，中には価値がある情報も存在する可能性があります。

そのような意味からも，WEB調査上の「書込みサイト」から入手する「たたけば出てくるほこり」のような情報は，探偵にとっては非常に価値があります。不特定多数の人物に「聞込み調査」を実施して得る情報と同等の価値があることもあります。隠された真実を知る糸口になることもあるからです。

「火のない所に煙は立たぬ」ということわざがありますが，特に「株式会社グッドフォレスト」・A県F市長「徳田嗣治」・指定暴力団「××会」をつなぐ情報は，正にそれに類する情報であると推測されます。

依頼者側が「株式会社 大前不動産」から窓口として「大前管理ES 株式会社」を指定され，さらにその関係会社のひとつとして「株式会社 グッドフォレスト」を指定された理由として，次の構図が推定されます。

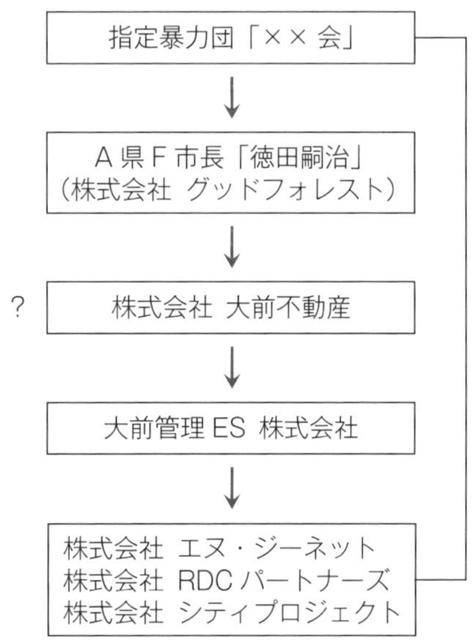


**【調査結果概要】**

探偵の仕事の基本は「真実を判明させること」のはずですが，必ずしも確実な真実にたどり着くとは限りません。その手前で「これ以上は警察・弁護士の仕事」という壁に突き当たることもあります。

反社会的勢力との繋がりを確認する調査＝「反社チェック」と呼ばれる調査は，いまや多くの探偵社が実施するようになりましたが，探偵社の中には，1件の反社チェックを2～3万円で引き受けているところがあります。その予算で「フロント企業」[※1]のような本当の意味の反社チェックが実施されているのか，正直疑問に感じます。

平成３年から国の法律として「暴力団対策法」[※2]が施行されました。その後，「暴力団排除条例」[※3]の制定が全国の都道府県に広まり，反社会的勢力の代表と目される暴力団が収入を得るために，長年にわたり当然のように行ってきた活動が制限されるようになりました。例えば，飲食店からの「みかじめ料」や，企業からの「仲介手数料」という名目で得られていた収入は減り，地域の祭では「てき屋」が排除され，住民らが自ら屋台等を運営するようになりました。暴力団関係者はどんどん収入源を失っています。また，暴力団と取引した企業，飲食店も名前をネット上に公開されてしまう等の罰則が設けられました。法人にとっても，個人事業主にとっても，暴力団等の反社会的勢力とかかわることが命取りとなるため，今後，排除への動きは加速し続けると思われます。

そのような状況の中で生み出されたのが「フロント企業」の存在です。「フロント企業」は所在地，役員となる人物等には，公になる情報の中で暴力団と繋がるような者を配置していません。社屋の外見上も小奇麗なオフィスに，普通のスーツを身に着けた社員，おしゃれな横文字の社名がつけられていたりします。一見するだけでは，暴力団との繋がりを全く感じさせない普通の会社を装っています。指定暴力団等との繋がりが明らかになったとたん，取引を持ち掛けた会社は手を引くことがわかっているので，反社会的勢力（指定暴力団）と呼ばれる団体も懸命な偽装工作をしています。

探偵社が依頼を受ける「反社チェック」は，調査対象が巧妙に偽装された「フロント企業」かどうかを見極めなくてはならないものがほとんどです。つまり，暴力団（反社会的勢力）も生き抜くために，必死に偽装している「工作」をいかに剥がすか懸命な調査を行わなければならないのです。

ネット上には情報があふれており，「全国暴力追放運動推進センター」[※4]には，暴力団組員に関するビッグデータがあり，誰でも問い合わせて，疑わしい人物に該当する名前が存在するかを調べることができます。しかし，その程度の調査が「反社チェック」と呼べるかといえば，プロの探偵社の調査とはいえません。

「フロント企業」の水面下に隠された，反社会的勢力の痕跡を探る作業を延々と続け，拾った欠片をつなぎ合わせた結果，白・黒・グレーという３種類のどれかの答えを導き出すのですが，白黒が判明することはごくまれです。だからこそ，「グレー」の度合いをどこまで精度を上げて調査できるのかが，プロの「反社チェック」であるといってよいのではないかと考えています。

本案件でも，調査の中で明確に「反社会的勢力」との繋がりを判明させたとはいえません。ただ，疑うに十分な事実が多々存在することは明らかでした。

弊社が導き出した「グレー」の結果によって，調査対象となった相手と取引を続けるかどうかは，依頼者の判断に委ねることになります。その判断基準となる内容については，この後に詳しく説明します。

言ってみれば「反社チェック」とは，限られた予算と時間の中で，やり手の米屋が売ろうとする米俵の中から，汚れた米粒を探し出すような作業なのかも知れません。

※１　フロント企業：暴力団が設立し，経営に関与している企業。あるいは，暴力団と親交のある者が経営し，暴力団に資金提供を行うなどして組織の維持・運営に積極的に協力・関与する企業。企業舎弟。暴力団フロント企業。

※２　暴力団対策法：「暴対法」（暴力団対策法）は，特定の要件に該当するものとして公安委員会に指定された「指定暴力団」に所属する構成員（これを「指定暴力団員」と言う）に対し，暴力的要求行為を禁止し，違反者に対し，中止命令又は再発防止命令を発し，その命令に従わない場合に刑事罰を科す。

ここでいう〈暴力的要求行為〉は，例えば，「用心棒代を要求する行為」，「不当な方法で債権を取り立てる行為」,「不当な地上げをする行為」など，現在では 27 種類の行為が定められている。

なお，指定暴力団員以外の者が指定暴力団の威力を示して行う不当な要求行為についても，平成９年の改正法から「準暴力的要求行為」として規制の対象とされるようになった。

※３　暴力団排除条例：暴力団の資金源を断つことを目的としており，市民や企業に暴力団への利益供与などを禁じることを目的として，地方公共団体が制定する条例。

※４　暴力追放運動推進センター：暴力追放運動推進センターは，各都道府県に指定されている。暴力団対策法により，民間レベルでの暴力団排除運動を支援・推進するために，民間の暴力追放を目的とした法人を暴力追放運動推進センターとして，国民が力を合わせて各種の暴力団排除活動を行うシステムが設けられた。

<資　料>

# 暴力団等反社会的勢力との基本的対応

## 1　平素の心構えと準備

### ①　トップの毅然とした態度が重要

まず，トップ自身が，暴力団等反社会的勢力と対峙する際には，企業や行政機関等の信用にかかわる重要な課題であるとの認識の下に，「拒否すべきは拒否し，闘うべきは闘う」という基本姿勢を組織全体に示すことが肝要です。

### ②　組織的対応・体制の整備

トップの基本姿勢を受けて，組織として暴力団等を担当する部署，担当者を規定し，アプローチがあった場合の報告，連絡システムや対応要領を確立し，社員等に対する周知徹底を心がけてください。特に，「不当要求防止責任者」の選任は必須です。

### ③　対応マニュアルの策定と周知徹底

事案発生に備えて，「不当要求防止対応マニュアル」を策定し，対応上の基本的な心構え，具体的な応対要領，ケース別応対要領，部外との交際要領を確立し，社内に周知徹底するとともに，定期的な訓練を実施しましょう。

### ④　被害を受けない環境作り

平素から暴力団に付け込まれる要因を作らないことはもとより，来訪者の目に付きやすい場所に暴力団追放のポスター，暴力団排除宣言ステッカーや不当要求防止責任者講習の「受講修了書」を掲示するなど，暴力団に対する姿勢を内外に明示しておくことも一つの方法です。

⑤　警察・暴力追放都民センター等への連絡及び相談

平素から警察や暴追都民センターの担当者等と連絡を密にしておくと共に暴力団に関する困りごとが生じた場合には，どんな些細なことでも早期に相談してください。

## 2　対応の基本的心構え

①　恐れず毅然とした態度

暴力団は，警察に通報されることを最も恐れており，内心ではビクついています。暴力団員を必要以上に恐れることなく，暴力団排除の信念と気迫が感じ取れる態度で臨みましょう。

②　法律，社会のルールにのっとった解決

水面下での解決を図ることなく，必ず法律や社会のルールにのっとり，解決を図りましょう。

③　冷静にして，根気強い対応

暴力団員は，相手を愚弄し，あるいは挑発して失言を誘い，言葉尻を捕らえることが巧みです。これらの挑発に乗ることなく，また，逆に挑発することなく，冷静にしかも根気強く対応しましょう。

## 3　具体的な応対要領

①　相手の確認

名刺や面会カードにより，氏名はもとより所属団体（連絡先），電話番号等を確認しましょう。

②　要件，要求の把握

どんな要件で何を要求しているのか確認しましょう

- 要件は何か

・問題点はどこか
・問題の範囲はどこまでか
・何をどのような形で要求しているか

事実の確認をするまで即答はしないようにしましょう。

③　有利な場所で応対

自社の管理が及ぶ施設内（事務所・応接室等を利用し，可能な限りドアを開放する）で応対し，暴力団員の指定する場所や組事務所等に出向いてはいけません。やむ得ず外部にする場合は，人目の多い喫茶店やホテルのロビーを利用します。

④　複数で応対

相手との話し合い，記録，外部との連絡等の任務分担（最低３人）が必要です。相手より優位に立つための手段として，常に相手より多い人数で応対しましょう。

⑤　湯茶の接待は不要

湯茶の接待は「ゆっくりして下さい」と受け取られたり，投げつけるなど脅しの道具になることもあるので，お茶を出す必要はありません。

⑥　要件に見合った応対時間

面接時間（概ね 30 分）を設定して，相手方に予め通告し，時間になったら応対を打ち切りましょう。粘られた場合，明確にこちら側の意思表示をして，話を打ち切らなくてはなりません。　意思表示の事例としては，以下のようなものがあります。

・「当社としてはお客様の要求にお答えできません。結論に変わりはありませんので，どうぞお引き取り下さい」

・「これ以上お話ししても，結論に変わりはありません。どうぞお引き取り下さい」
・「これ以上お話ししても，答えは変わりません。お帰り下さい」

このように明確に退去をお願いしても，立ち退く様子がない場合は，さらに時間を置き「お引き取り下さい」と再度３回から４回告げます。

それでも状況に変化がない場合には「これ以上お引き取りいただけないのならば，警察に来ていただくことになります」と告げ，110 番で警察へ通報します。この場合，不退去罪が成立するほか，場合によっては威力業務妨害罪を適用することもできます。

⑦　慎重な言葉の選択

不当な要求には，あいまいな発言をしないで明確に断りましょう。相手は責任を転嫁します。間違っても「申し訳ありません」とか，「検討しましょう」などと，非がないのにあるかのような言葉や，相手に期待を抱かせるような発言をしてはいけません。

些細なことでも誤った発言をしたときには，躊躇することなくその場で訂正することを心掛けてください。訂正せずにそのままにしておくと，結果として後日に火種を残すことになります。

⑧　妥協せず，筋を通す

不当な要求には，妥協は絶対禁物です。「そのような要求には一切応じかねます」などと明確に伝え，はっきりと組織の方針に従って筋を通した応対をしましょう。「そんな話はダメだ。話のわかる者を出せ」等に対しては，「これは当社の方針です。誰が応対しても同じです」などと毅然とした姿勢が必要です。

⑨ 詫び状等の書類作成は拒否

詫び状・念書等を書くと，相手に交渉の口実を与えるばかりか，後日，この書類を盾に金品を要求されることは目に見えています。書類の作成や署名はしてはいけません。念書や詫び状は，表題は異なっていても「非を認めた文書」として賠償請求の資料とされます。このような文書を書いたとしても，問題解決にはなりません。また相手が持ってきた書類等には，一切署名，押印をすべきではありません。相手に脅かされて文書を書いたり，署名，押印をした場合には，相手に脅迫罪，強要罪が成立します。

⑩ トップには対応させない

相手が要求しても，安易にトップを出してはいけません。一方的に「責任者を出せ」「社長を出せ」と要求した場合，「私がこの件の責任者です，私が承ります」等と毅然たる態度で対応します。それでも対応しきれない場合は，直接の上司（係長，課長，部長の順）に対応を依頼します。

決裁権をもった者が対応すると，即答を迫られますし，次回以降からの交渉で「前は社長が会った。今回，社長が会わない理由を言え」などと追及されることとなります。

⑪ 応対内容の記録化

電話や面談で応対した内容は，相手に明確に告げて後日に備えて確実にメモ，録音，ビデオ撮影をしておきましょう，後日，刑事事件や民事訴訟に発展した場合の疎明（証拠）資料となります。

⑫ 警察への通報と暴追都民センターなどへの早期相談

暴行，脅迫などの犯罪行為があった場合は，機を失せず110番通報しましょう。不当な要求には，毅然と拒否した後，速やかに警察や暴追都民センターに相談して下さい。

以上は，弊社が企業向けに実施している「反社会的勢力対策セミナー」でもお伝えしている内容の概要になります。

「反社会的勢力」と関わらないようにするために最も必要なことは，「疑わしきは関係せず」です。一度，関わってしまうとそれを断ち切ることは非常に困難になり，企業側が相当なリスクを背負うことになりかねません。また，一度反社会的勢力と関係した企業として社会的なレッテルを貼られてしまうと，再起することも困難であり，それにより倒産に追い込まれる事例も多々あります。

だからこそ，日頃から危機管理意識を持ち，社員と反社会的勢力に関する知識・対策を共有し，新規取引先に対する事前の調査を徹底することが必要です。

現在は「反社チェック」という名目で，取引先等の調査を一件につき２～３万円ほどで請けるところも多く見られますが，費用から判断すると，一般的な公開データと照合し，ネット上で反社とのつながりを示唆する書き込み等がないかどうかを調べる程度の調査しかできないと判断できます。しかし，本書の事例でもお分かりになるように，取引相手の実態を徹底的に調査するためには，それでは不十分です。

反社会的勢力と関わることが，企業の根本を揺るがす問題であると捉えられる今日，事前の危機管理及び調査の大切さを，企業の皆様には是非理解していただきたいと願います。

Column

### 「特定屋」をご存知ですか

最近，報酬を受け取って第三者の住所・ SNS 情報を調べている者がいます。なかには遊び・バイト感覚で調べている高校生，大学生もいるようです。こうした人を「特定屋」と呼んでいます。

単におもしろ半分で行う遊びや，小遣い稼ぎでは済まされない，個人情報保護法，探偵業法，さらには，刑法の恐迫罪，名誉毀損にもなりかねない明らかな違法行為です。困ったことは，当事者本人は伝えた情報の結果，ストーカー行為が激しくなったり，嫌がらせが増長したり，さらには，傷害事件，窃盗事件にまで発展するケースが出ていることを意識していないことです。

SNS が普及し，安いスマホを誰でも使えるようになった結果，誰もが被害者・加害者（犯罪者）になり得る状況になっています。

きっかけは，友人，知り合いに頼まれて軽い気持ちで第三者のアドレス・住所を調べたことだったりしています。現在，SNS 情報には誰でもアクセスできるようになりました。そのために，アップされていた写真の背景から，なかには映り込んでいたマンホールの蓋から自宅住所を特定した等の例もあります。どこから個人情報が漏れ，自宅やアドレスが特定されるか分かりません。

その結果，自宅に送り主のわからない配送物が届く。届くはずの送信物が行方不明になる。個人のアドレスに多数の迷惑メールが着信し，自宅パソコン・スマホが炎上してしまう等，今まではおよそ考えられない事態が個人に発生しています。

プロの調査会社が行った逗子の情報漏洩事件では，被害者がストーカー（犯人）に殺害されてしまう悲惨な事件にまで発展しました。いま，同様の事件を無自覚な個人が行っています。

少しでもおかしな事象が現れたら，すぐに警察等の防犯関係者に相談する。可能であればプロの探偵（調査員）に調査依頼し，ストーカー等の犯罪者に事前に警告する等の防犯対策が必要となります。

# 第7章
# 個人からの調査依頼

個人からの調査依頼は，少子高齢化社会の世相を反映して土地・建物の所有者の相続人探し，相続人不明案件の相続関係者調査等が多くなっています。

調査を実施して感じることは，従来は近隣居住者，親戚縁者，町内会役員，行政官公庁等の聞込みで判明していたものが，近年は人間関係が稀薄になり，従来の人間関係からでは情報収集が困難になっていることです。

調査依頼者からは，時代に沿ったIT知識技能等を身に付けたプロ探偵調査員を要求されています。調査会社の課題も時代に応じて変わっています。

# 相続人に関する調査

本件調査は，死亡した家屋所有者の法定相続人に関する調査です。

## 1　依頼の概要

関　京子さん（仮名）は，不動産業者を仲介して東京都大田区内の富士見町商店街に所在していた2階建の空き店舗を借り受けて，1階を洋菓子とケーキの販売店舗とし2階を喫茶店に改装して営業中でしたが，同店舗の地主望月千代さん（仮名）と売買契約が成立し土地を購入しました。

その後，賃借している同店舗家屋の買い取りを計画し，店舗家屋の所有者佐藤洋治氏（仮名）を探したところ，15年位前に既に死亡していることが判明しました。関　京子さんは弁護士と相談した結果，同店舗の法定相続人を探しましたがなかなか見つからず，これ以上自力で探すことが困難なことから当社に依頼してきました。

※所有者探しが社会問題に

## 2　調査方法の検討

本件の依頼内容は，依頼人が現在店舗として賃借している家屋の所有者，または相続権を有する人物を探し出し，その人物と依頼人とが売買交渉ができるようにすることであり，調査目的は当該店舗家屋の所有者または法定相続人を発見することでした。

当社で可能な調査とその方法を次のように検討しました。

⑴ 店舗家屋の登記関係の調査，現所有者の氏名・住所等の確認

⑵ 店舗所有者故佐藤洋治氏（仮名）の住民登録及び戸籍原簿等の調査
　法的規制があり，委任状を得られない現状況下で当社が調査するのは不可能です。したがって，住民票等の閲覧等に関して職務上請求が許されている本件担当の弁護士等に，住民票（又は除票）の閲覧や戸籍謄本の請求を依頼。

⑶ 依頼人が当該店舗を賃貸借契約した際の貸主及び仲介した不動産業者に対する調査

⑷ 店舗が所在する，依頼人が購入した土地の前所有者及び仲介した不動産業者に対する調査

⑸ 店舗所有者故佐藤洋治氏（仮名）が生前居住していた居住地付近に対する聞込み調査

## 3　調査の状況

### （1）東京法務局での調査

東京法務局において当該店舗家屋の登記状況を調査したところ，

売買購入　昭和 36 年 8 月 23 日
所有者氏名　佐藤洋治
所有者住所　東京都大田区蒲田 7 丁目 8 番地

と記載されており，店舗所有者佐藤洋治氏が死亡（約 15 年前）した後の現在も，店舗家屋所有者の変更手続登録がなされていないことが確認できました。

### (2) 株式会社 曙不動産及び貸主の調査

当社では，依頼人が店舗を借りる際に仲介した株式会社 曙不動産（仮名）で作成した賃貸借契約書の貸主の確認を行ったところ，貸主の欄には，

代理人　東京都大田区蒲田○−○−○　三田　律（仮名）

と記載されていました。

株式会社 曙不動産及び貸主の代理人三田　律さんから店舗の所有者を確認するため聞込み調査を行おうとしましたが，依頼人が同店舗の土地を購入取得する際，株式会社 曙不動産は，依頼人が購入することを妨害する行動を取ったことが判明しました。また，三田　律さんも株式会社 曙不動産と同一歩調を取ったことから依頼人との関係が悪化し，本来ならば新しく地主となった依頼人に支払われるべき当該店舗の借地代金が供託されていました。

これらの事情から，依頼人は株式会社 曙不動産と三田　律さんに不信感を持っており，この段階で店舗家屋買い取りの計画を両者に悟られたくないとの理由から，両者に対する面接には同意しませんでした。

依頼人が株式会社 曙不動産と三田　律さんへの接触を拒否したことから，両社への聞込み調査は断念せざるを得ませんでした。

### (3) 店舗家屋土地の前所有者等に対する調査

前土地所有者望月千代さんは，店舗家屋所有者故佐藤洋治氏に土地を貸しており，故佐藤洋治氏に関する何らかの情報を持ち合わせている可能性があることから，聞込み対象者として選定しました。

土地の登記簿謄本から当該土地の前所有者望月千代さんの住所氏名を確認し調査しました。

ア　前所有者望月千代さんの居住先である東京都渋谷区内に所在する神宮マンションをお昼を挟んで前後２回訪問したが留守であり，郵便受けには「チラシは入れないでください」の表示があった。

| イ　翌日午後8時頃再度望月千代さん宅を訪問したが，呼び出しベルに応答がなく居室内の照明も点灯されていないのを確認。また，管理人室を訪ねたが不在であった。 |
|---|
| ウ　さらに，その翌日の昼頃同マンションを訪問し，居合わせた管理人から聴取したところ，<br>・お尋ねの部屋は長期不在です。<br>・留守中の連絡先は税理士の田中氏で電話番号は○○○○です。<br>等の回答であった。 |
| エ　当日，税理士の田中貴文氏と連絡を取り，田中税理士事務所で面談したところ，<br>・望月千代さんは高齢で老人施設に入所しており，弁識がはっきりせず呂律が悪く，直接面談しお話しできる状態ではありません。<br>・私は，以前から望月千代さんの依頼で財産管理をしているだけで，私自身が財産の売却等で売却先の相手方と交渉することは一切ありません。これは，望月千代さんも同様です。<br>とのことで，前所有者望月千代さんも聞込み対象者から除外せざるを得なかった。 |

### (4) 依頼人の土地購入に際し仲介した不動産会社社員に対する調査

聞込み対象者は，東京都新宿区に所在する不動産会社の社員で本件の仲介を担当しており，家屋所有者故佐藤洋治氏に関する情報を得ている可能性があることから聞込みを実施することにしました。

| 不動産会社社員　沢渡宏氏に連絡して面会し，次のとおり聴取した。 |
|---|
| ・土地の前所有者望月千代さんは，元々港区に居住していた「お嬢様」で，細かなこと（財産管理を含めた実生活上の細事）については関与しない人物だったと聞いています。 |
| |

| ・望月千代さんが高齢になり，以前からの知り合いの田中税理士に依頼し資産の整理を行い，港区から現在のマンションに転居したようです。現在は老人ホームに入居していると聞いていますが入居先は分かりません。 |
|---|
| ・関　京子さん（依頼人）が取得した土地はこの整理の過程で出てきたもので，田中税理士から私に相談があり，関係することになりました。 |
| ・この土地の売買を仲介するに際し，関　京子さんと面談する中で，建物を管理している株式会社　曙不動産の様子を聴取し，また同業者等から入手した情報を総合的に判断した結果，この土地は株式会社　曙不動産ではなく関　京子さんに売却すべきだと判断しました。 |
| ・この間，土地の建物所有者が，亡くなっている佐藤洋治氏であることと，佐藤洋治氏の代理人のような立場にある三田　律さんの存在を知りましたが，そのことについては関　京子さんも承知して土地を購入しています。 |
| ・私が関与したのは以上のとおりで，建物の所有者である佐藤洋治氏の親族や関係者には面会しておらず，また相続人等について聞いたこともありません。 |

等の内容であり，店舗所有者故佐藤洋治氏の相続人及び関係者に繋がる情報は得られませんでした。

### （5）区役所での調査

不動産登記簿謄本に記載されている店舗家屋の所有者佐藤洋治氏の住所地「東京都大田区蒲田371番地」は旧住居表示であることから，大田区役所（住居表示係）において現在の住所表示の調査を行った結果，旧住所地は，昭和44年4月1日に住居表示の変更があり，現在の表示では「東京都大田区蒲田7丁目8番2号から13号」までが該当することを確認しました。

なお，同住所地は店舗家屋の所在地と同一であり，店舗所有者，故佐藤洋治氏は店舗兼住居として利用していた可能性が高いと判断されました。

（6）故佐藤洋治氏が生前居住した居住地付近に対する聞込み調査

元居住地付近の聞込みにおいては，以下の内容でありました。その他の聞込み先については参考となるべき情報もなく，全体的に目的を達成する情報の入手には至りませんでした。

周辺一帯の古い居住者・店舗経営者及び不動産会社を中心に，

① 故佐藤洋治氏が営んでいた店舗の業種・店名の確認
② 故佐藤洋治氏と親交があった人物の確認
③ 当該店舗の経営状況及び馴染み客・交友者等の確認
④ 当時の店舗関係者及び居住先等の確認
⑤ 故佐藤洋治氏の葬儀を行った際の関係者及び参列者等の確認
⑥ 前記関係者・参列者等から，親戚親族及び故佐藤洋治氏の墓地・菩提寺等の確認
⑦ 墓地・菩提寺等を確認した場合は親族親戚等について聞込みを実施する

等を目的として実施した。

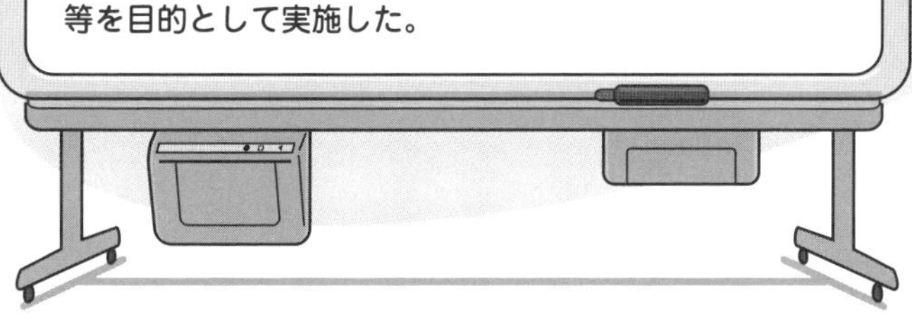

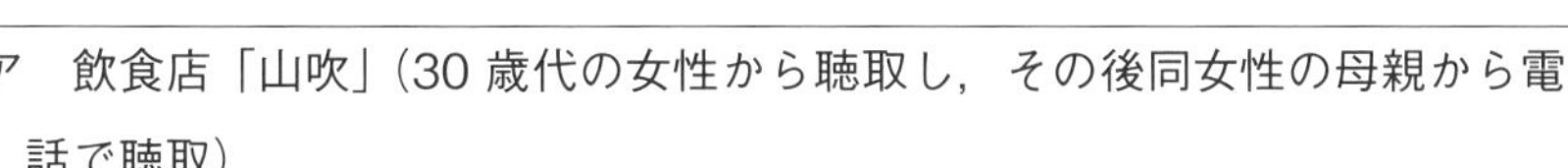

ア　飲食店「山吹」（30歳代の女性から聴取し，その後同女性の母親から電話で聴取）

- 佐藤洋治氏という人は知らない。
- あの場所には「辰巳」という小料理の居酒屋があったが20年位前閉店した。閉店後女将さん（三田　律さん）は熱海の知り合いに身を寄せていると人伝に聞いているがそれ以上のことは分からない。

イ　理髪店「ラッキー」(70歳位の女性店主)

- 佐藤洋治氏の名前だけは聞いたことがある。
- 「辰巳」さんは，20年位前まで営業していた。
- 佐藤洋治氏が亡くなったことは知らない。葬儀があった記憶もなく，また墓地のことは全く分かりません。
- 昔のことでよく分からない。

ウ　青果店（60歳代の男性店主）

- 平成5年4月作成の富士見町商店会名簿（三田　律氏の氏名と店舗の所在地が記載されている）を見ながら，この人は以前には風呂に行くのを見かけたが最近は見ていない。
- 三田　律さんは，「辰巳」が開店する前はこの先にあった料亭「花柳」で働いていた人です。
- 「花柳」所有者の孫娘さんが，花柳の跡地に建てた和泉マンション5階に住んでいます。名前は花田さんといいます。

エ　「辰巳」の左隣でフィリピンパブ店の2階に居住する92歳位の女性

- 「辰巳」さんは，20～30年前に閉店した。
- 三田　律さんは，「花柳」の女中さんを辞めて「辰巳」を開店した。
- 旦那の佐藤洋治氏も「花柳」の板前を辞めて「辰巳」に行った人です。
- 「辰巳」を閉店後も三田　律さんの姿を以前は見かけていたが最近は見ていない。
- 旦那の佐藤洋治氏が亡くなったことは分からない，墓地や葬儀があったことも知らない。

オ　和泉マンション左隣に所在するクリーニング店

- ここに「花柳」という店があったことについては分かりません。
- 私共は，このビルができたときに開店しています，開店から20年ぐらいになります。
- 花田さんは私共の隣のマンション所有者で番地は同じです。
- 花田さんはマンションの5階に住んでいると思います。

カ　株式会社田中不動産での聞込み

和泉マンションの南側でバス通りに面した田中不動産を訪問し聞込みを実施した。居合わせた45歳位の男性社員が，関係する帳簿をロッカーから取り出し帳簿を見ながら応対し，下記の回答を得た。

・和泉マンションは当社で取り扱っています。
・マンションのオーナーは「花田京子」さんで，５階に住んでいます。
・管理人は，このマンションのオーナーです。
・花田さんはお勤めかと思いますが，勤務先等は分かりません。
・花田さんの年齢は，そろそろ定年になる頃だと思います。
・和泉マンションの場所に，以前「花柳」という料亭が所在したか等については分かりません。
・花田さんの家族や親戚については分かりません。

キ　花柳の孫娘花田京子方の訪問

同人が居住する和泉マンション５階の物干し場には黄色のバスタオル２枚とシャツ等が干してある。

・同人宅５階を訪問し呼び鈴を押したが応答がなく不在の様子であった。
・花田京子方の電話番号を電話番号案内104番に照会し，確認した番号にダイヤルしたが留守番電話が設定されていたので，後日面談したい旨の伝言を残した。

ク　花田方再度の訪問

訪問日を日曜日に設定し実施したところ，「留守番電話を聞いています」と言いながら質問に応じた。

・「料亭花柳」は，祖父母が開店しその後両親が引き継いだ店でしたが両親が亡くなり閉店しました。
・私は店の手伝いはしていません。学校を出て間もなく結婚し家を出ています。
・店には従業員の方が７～８名いましたが，私にはどういう人がいらしたのか分かりません。

- 店は20年位前に閉店し，その後このマンションを建てています。
- 祖父母は早い時期に亡くなり，両親も12年前に前後して亡くなりました。
- 両親が店を経営していた当時の親しかった人については，私自身の付き合いがなく全く分かりません。
- 板前の佐藤洋治氏や女中の三田　律さんについても分かりません。

### (7) 代理人三田　律氏への聞込み

これまでの周辺調査で目的に繋がる情報が入手できなかったことから，依頼人の了解を得たうえで，「料亭花柳の経営者や従業員についてお尋ねしたい」との口実で訪問し，従業員等の話題に転換させ店舗所有者，佐藤洋治氏に関する情報の入手を得る目的で代理人三田　律氏に対する聞込みを実施しました。

代理人三田　律氏方を訪ねると，ベランダに洗濯物が干してあり在室が窺えたので訪問を実施しました。

同人は90歳代の女性で，パジャマ姿で応対し，玄関ドアを10センチ位開きドアノブに手をかけた状態で，今にも閉めそうな様子を見せながらも質問に応じました。

- 私が「花柳」にいたのはずいぶん前で，そんなに長くはいなかった。
- 「花柳」の主人は「花田」というお名前の方です。
- 花田さんの孫娘が「花田」さんといって，あの付近（「花柳」が所在した場所）にお住まいだと聞いたことがある。
- 私が「花柳」を辞めた時期も前のことでいつ頃だったかはっきり覚えていません。
- 一緒に働いた人はいたが名前は思い出せません。
- 私と一緒に働いていた人たちはもう皆さんお亡くなりに（死亡）なっていると思われます。

- 私自身年を取って以前のことはよく覚えておらず，詳しくは花田さんの孫娘に聞いていただけないでしょうか。

このように話をすると，ドアを閉じてしまいました。

**土地・店舗　所有者の履歴**

| 年 | 建造物（店舗） | 土地所有者 | 家屋・店舗所有者 | 経営者 | その他 |
|---|---|---|---|---|---|
| | 料亭「花柳」 | 望月千代氏 | 花田京子氏の祖父母（氏名不明） | 左に同じ | 佐藤洋治氏（調理人），三田　律氏（配膳係）は料亭「花柳」で働いていた。 |
| | | 同上 | 花田京子氏の両親（氏名不明） | 左に同じ | 花田京子氏の祖父母（氏名不明） |
| 1961年 | 「花柳」閉店後料理店「辰己」開店 | 同上 | 佐藤洋治氏 | 左に同じ | 昭和 36 年に佐藤洋治氏　店舗を購入 |
| 1990年 | 「辰己」閉店 | 同上 | 同上 | | 同店は平成２年頃　閉店 |
| 1995年 | | 同上 | 相続人不明 | 三田 律氏（代理人） | 佐藤洋治氏　平成 7 年頃　死亡。相続人不明。同店舗は，その後登記の変更はされていない。 |
| | 洋菓子店・喫茶店　開店 | 同上 | 三田　律氏（代理人） | 同上 | 同店舗を，三田　律氏が（代理人として）賃貸する。 |
| 2016年 | | 関 京子氏 | 同上 | 関 京子氏 | 関　京子氏が同土地を購入。店舗の購入を希望するが，所有者不明のため，店舗家賃は供託する。 |
| 2017年 | | 同上 | 同上 | 同上 | 依頼人　関　京子氏は家屋買取を希望。三田　律氏・不動産会社が妨害 |

## 4　結　果

依頼案件の実施に際し設定された調査期限内における店舗家屋の所有者または法定相続人の調査については，

当社で実施した調査経過及び調査結果は

- 店舗家屋所有者故佐藤洋治氏及び代理人三田　律さんは，「辰巳」開店以前に料亭「花柳」で故佐藤洋治氏は調理人，三田　律さんは女中としてともに働いていた。
- 「花柳」を辞めた故佐藤洋治氏と三田　律さんは居酒屋「辰巳」を開店し経営していた。開店時期については不明。
- 居酒屋「辰巳」は20位年前に閉店している。
- 店舗家屋所有者の故佐藤洋治氏は15年位前に死亡している。
- 故佐藤洋治氏の元住所地における死亡時に関する情報はない。
- 「花柳」の当時の経営者は死亡，また従業員の消息は不明（三田　律さんからの聞込みでは死亡しているとのことであった）。
- 「花柳」の孫娘花田京子氏に面接したが，当時の従業員等に関する情報の記憶はなかった。
- 三田　律さんの聞込みについては，当初は依頼者に接触を拒否されていたが，接触目的を偽装することで依頼者の了解を得て聞込みしたものであり，また三田　律さんが高齢でもあることから以降の聞込みを断念した。

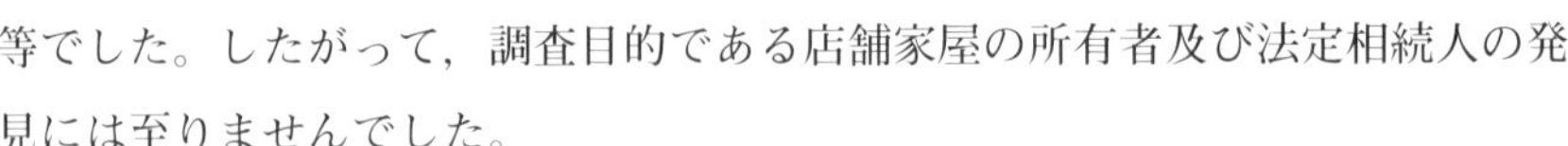

等でした。したがって，調査目的である店舗家屋の所有者及び法定相続人の発見には至りませんでした。

なお，今後の調査については，本件の担当弁護士が行う住民登録や戸籍原簿等の調査結果を踏まえ，検討されることになると思われます。

## 2 土地売却代金を騙し取った建設業者の調査

依頼者は，夫が経営する会社の作業所建設用地を建設業者から買受けた人です。しかし，その１年後に夫が病を患ったため作業所建設を中止することになったので，同建設業者に買い戻してもらいました。その際，建設業者から「土地代金は建売住宅を建築してから支払う。買主も決まっている。」との説明がありました。さらに，この建設業者は銀行融資が下りることを前提に建築資材等の購入資金の立替まで依頼者に要請しました。その結果，依頼者には土地売却代金と併せ総額 2,500 万円の債権が発生し，これらは未回収でした。

約定支払日後は繰り返し督促をしていますが，建設業者からは回収はできていません。今後の対応を考え，建設業者の信用調査と売却した土地に建った住宅の実態調査をして欲しいとの依頼でした。

### 1 調査依頼者

氏名　安藤　信子（仮名）（51 歳・大手企業の社員）
　　　※夫　プラモデル創作者（58 歳・大手企業経営者の親族）
住所　東京都杉並区久我山３－４－0000

### 2 調査対象者

株式会社　　ニッセイ建設
代表取締役　日田　聖治（仮名）（54 歳）
所在地　　　東京都日野市西平山 5－00－00
電話　　　　042－359－0000

### 3 調査対象の土地建物（作業所用地・建売住宅用地）

所在地　　神奈川県相模原市緑区澤井○○○番地

土地面積　210.58m2（宅地・借地）

建物（木造平屋・住宅兼作業所）　　面積　70.48m2

建物所有者　山野　久雄　平成×8年4月同市緑区牧野に移転

土地所有者の移動状況

元地権者　　　　入野　元次郎（住所－相模原市緑区澤井○○○）

平成X8年8月　安藤　信子（依頼者）が移転登記

平成X9年12月　山本　庄司が移転登記（住居・東京都江東区新大橋）

### 4　調査依頼の概要

依頼者の夫がプラモデルの創作・作業所の建設用地を探していたところ，趣味仲間の山野久雄から「4月に住所を移転する。現在の土地は借地で地主が売却を希望しており，地主と親しい建設業者（対象者）を紹介する」との話がありました。

平成X7年7月に対象者が依頼者宅を訪れ「山野さんが引越をした後の土地建物を地主から買取った。土地と建物の解体費を含め1,300万円で売却する」と提案があり，依頼者夫婦は数日後に提案を受け，その翌日対象者の銀行口座に振込みました。

しかし，1年後に依頼者の夫が大病を患い作業所建築を中止し，土地を売却してマンションの購入資金に充てることを対象者に相談したところ，対象者が1,300万円で買い取ることで話がまとまりました。その際，対象者と「その土地に建売住宅を建設し売却代金で支払う。売却先も決まっており，買却代金は2,500万円で翌年の3月31日竣工引渡しで，その時点で土地購入代金を全額支払う」との契約書を取交わしました。

さらに数日後，対象者から「銀行融資が遅れ建築資材等の購入資金が足りない，工事を順調に進めるため600万円を貸して欲しい」と要請され，銀行融資が下り次第，返済することを条件に貸しました。その後も金融機関からの融資が遅れて大工への支払ができない等の理由で総額1,500万円を貸しました。一方でその間，12月と翌年3月に各100万円が依頼者の銀行口座に振込まれ返済されました。

※詳細は**調査状況　(1) 第一段階　「依頼者夫妻の土地売却に伴う経緯一覧表（抜粋・簡記）」**のとおりです。

その後，約定返済日後も繰り返し督促をしていますが，返済はなく連絡も取れなくなりました。依頼者夫婦は，売却した土地の現場確認を一度もしておらず，今後の対応を考え，対象者の企業調査と行動確認および建売住宅建設現場の調査を実施してほしいとの依頼でした。

## 5　調査方法の検討

依頼者と協議した結果，当事務所の調査に基づき，

○弁護士に債権回収の依頼をする

○警察に相談し被害届（告訴）を提出する

の二点を考慮して次の調査を実施することになりました。

### (1) 事前調査

① 依頼者と対象者の打合わせ経緯と裏付け調査

② 東京法務局における対象者の住居及び会社の調査

③ 対象者の住居及び会社事務所の現地調査

### (2) 対象者の行動確認および聞込み調査

### (3) 売却土地・建売住宅に関する実態調査と関係者の聞込み調査

## 6　調査期間及び実施日

平成 X0 年 9 月 13 日～19 日

## 7　調査の状況

### (1) 事前調査

① 依頼者と対象者の打合わせ経緯と裏付け調査

依頼者夫婦と対象者の初対面からの日記・メモ，契約書，領収書等を入手したので，資料を預かり裏付け調査を行って一覧表とした。

○依頼者夫妻の土地売却に伴う経緯一覧表（抜粋・簡記）

| 年月日 | 対象者日田聖治の行動 | 依頼者安藤夫妻の対応 | 資料 |
|---|---|---|---|
| 平成X8.7.20 | 趣味仲間山野忠雄が4月に転居し，地権者入野次郎から700万円で取得（登記せず）。 | | |
| 平成X8.7.25 | 1,300万円で土地売却を提案。内訳　土地代金　1,150万円　建物解体工事費　150万円 | 夫婦は提案を了承。 | 別添1 |
| 平成X8.9.1 | 次の約定を説明。①所有権移転登記は9月20日迄に行う。②建売住宅を建てX9年3月31日までに完成し，代金で支払う。③建売住宅の売却先は話が進行している。 | 夫婦で対応。対象者の説明を信じ土地売買契約書並びに建物解体工事請負書を取交わし依頼者が署名押印。翌日対象者の銀行預金口座に1,300万円を全額振込。 | 別添2 |
| 平成X8.9.5 | 「杉田邸建売工事計画書」を示し，工事請負総額2,500万円で契約。9月30日建築確認申請。10月25日建築確認申請受理。10月26日工事施工。12月12日上棟。翌年3月31日に完成。土地代金を支払う。 | 夫婦で対応し。建売住宅の建築工事の計画書等受け取りが具体化するものと確信。 | 別添3 |
| 平成X8.9.10 | 金融機関の融資が決まるまで建築資材の購入資金として600万円の融資を要請。借用書持参。 | 土地売却代金支払期日の厳守と融資が下り次第返還することを条件に了承。翌日600万円を振込。 | 別添4 |
| 平成X8.10.17 | 外壁材・屋根材・設備機器等を一括購入すれば安価に購入できるからと450万円の融資を要請。 | 夫婦で対応。再三断るも「工事が大幅に遅れ土地売却代金も支払できなくなる。」と言われ承諾。翌日450万円を振込。 | 別添5 |
| 平成X8.10.27 | 前回同様大工の手間賃の支払を理由に350万円の融資を要請。12月10日銀行融資が下りるので返済すると約束。 | 夫婦で対応。再三断るも12月10日に銀行融資金額が下りることを条件に承諾。<br>翌日350万円を振込。 | 別添6 |
| 平成X8.11.1 | 依頼者宅を訪問。前回同様大工を増員する手間賃として100万円の融資を要請。 | 夫婦で対応。12月20日銀行融資で支払うと執拗に要請され承諾。翌日100万円振込。 | 別添7 |
| 平成X8.12.10 | 多摩信用金庫から依頼者の銀行口座に100万円を振込。 | 銀行口座に100万円の入金を確認。対象者からの連絡なし。電話連絡するも応答なし。 | 別添8 |
| 平成X8.12.30 | 依頼者の督促の電話に対し「銀行の手違いで遅れている。決まり次第連絡する」と返答。 | 速やかに返済するよう督促し12月31日に事務所訪問する旨話すも実現せず。 | |
| 平成X9.3.6 | 三菱銀行豊田支店から依頼者の銀行口座に100万円を振込。 | 100万円の入金を確認。連絡なし。 | 別添9 |
| 平成X9.3.31 | | 銀行口座確認するも振込なし。その後対象者からの連絡もなく，事務所・携帯電話に頻繁に連絡するも応答なし。 | |
| ※以下省略　一覧表は現物より簡潔にし，資料添付は省略した。 | | | |

② 東京法務局における対象者の住居及び会社の調査

実施日 平成 X0 年 9 月 14 日

対象者が依頼者夫婦に提示した名刺及び契約書・住所・土地・家屋・株式会社等の登記状況を調査したところ

所在地・住居 東京都日野市西平山 5 丁目 00 番 00

土地 235.72m²

建物 木造瓦葺 2 階建 1 階 70.50m² 2 階 65.25m²

総面積 140.75m²

所有者 日田聖治

株式会社ニッセイ建設・所在地は前記所在地と同じ

代表取締役 日田聖治

取締役 飯島次郎

監査役 日田久恵

設立 平成 15 年 10 月 5 日（役員は設立時から再任）

資本金 1,000 万円

土地・建物には金融機関の抵当権が設定されていました。

③ 対象者の住居及び会社事務所の現地調査

実施日 平成 X0 年 9 月 14 日

現場は住宅街で，住居建物は 4 m 道路に面し，木造スレート葺総 2 階南側ベランダ付の建物を高さ約 1.8m のブロック塀が囲んでいました。道路に面したブロック塀の中央部に約 2 m の玄関口があり鉄製の両開き戸が設けられており，玄関口門柱に添って「ニッセイ建設」（縦約 80cm×横 40cm）の立て看板が道路から見えるように掲出されていました。また，建物南側ブロック塀と建物のベランダ下に通じる約 3 m は茶色ステンレス製の折たたみ式扉で閉まっており，敷地内の駐車場には自転車 2 台があるだけで駐車車両はありませんでした。建物の外見では，1 階北側は居間・台所，南側が事務所，2 階が 5 部屋になっているものと見られましたが詳細は判明しませんでした。建物内に人の気配はなく，2階ベランダに洗濯物が干してありました。

屋敷の南側ブロック塀の隣は駐車台数15台位の駐車場で，6台が駐車していました。

### (2) 対象者の行動確認および聞込み調査

実施日　平成X0年9月15日

#### ①　対象者の行動確認調査

| 時間 | 調査内容 |
|---|---|
| 06：30 | 対象者宅付近で張込んだ。対象者宅の駐車場には道路側に向かって手前に灰色軽貨物自動車，その後方に黒色軽乗用車が駐車していた。 |
| 07：20 | 対象者が玄関から出て駐車場に向かった。服装は，白っぽい作業衣ジャンバー，同色ズボン，白っぽい帽子。同乗者なし。 |
| 07：25 | 軽貨物自動車（ナンバー多摩－××４６）を運転し駐車場から出て右折―旭が丘五丁目交差点を左折―平山通り桜町交差点を左折―日野バイパスを直進―国立インター入口交差点を右折―甲州街道を直進し府中方向へ向かう。 |
| 07：50 | 甲州街道府中市寿町交差点（府中街道）を通過し５～60m先の焼肉店手前の駐車場に入る。 |
| 07：55 | 駐車場の奥に駐車し降車した。焼肉店の２階建建物の周囲全体に足場が組まれ保護メッシュシートが張られ，外壁塗装と内装改修工事中であり，工事開始前に店内に入るのを確認した。 |
| 08：00 | 付近の聞込みでは，「工事は７日頃から始まり外壁塗装と店内の改修工事か行われている。業者は府中市内のＰ会社府中支店ですよ」とのことで対象者はＰ会社府中支店の職人として働いているとみられた。 |
| 08：30 | 外壁の塗装工事が職人４人で始まり，その中の40代の男の職人 |

| | |
|---|---|
| | が塗装缶からペンキを出し調合を始めたので「先程，店内に入った職人さんはニッセイ建設の日田さんでしょう」と話しかけたところ「そうです。内装工事は塗装が始まる前から行われ今日は３人来ております」と話し。対象者が内装工事の職人として働いていることが判明した。 |
| 09：05 | 甲州街道出入り口から白色軽貨物自動車が駐車場に入り駐車し，60 歳前後の男が降車し荷台から大きな段ボール箱を下ろし，抱えて内装工事中の店内に入った。 |
| 09：35 | 前記男が店内から出て来て駐車中の車に乗車したので話しかけたところ「交換するガス器具を届けに来た。内装工事は日田さんを含め３人の職人さんがおりました」と話した。 |
| 10：00 | 対象者が当店舗の内装工事の職人として働いていることが確認されたので行動確認調査を打ち切り次の調査に移行することとした。 |

② 対象者住居近隣及び同業者等からの聞込み調査

| 時間 | 聞込み内容 |
|---|---|
| 11：10 | 対象者自宅付近において聞込みを開始した。早朝に対象者宅駐車場に駐車してあった黒色軽乗用車はなく自転車２台が駐輪してあり，家屋内に人の気配はなかった。<br>一つ隔てた道路に沿った住宅街の中のクリーニング店の 60 歳代の奥さんは<br>○　ここで 30 年以上クリーニング店をしており，日田さん宅もお得意さんの一軒です。<br>○　日田さん宅は，夫婦の２人ですが娘が２人いて嫁に行っています。娘さんがいたころは建設業で２～３人の職人を使い景気が良かったのですが，３年位前からは余り良くないようです。<br>○　今は，ご主人がどこかの建設現場で職人として働き，奥さんもパートで聖蹟桜ヶ丘駅付近のビルの掃除婦のような仕事をし |

| | |
|---|---|
| | ているそうです。<br>○　会社が順調なときには，町会のことも世話役的に良くやってくれました。<br>○　娘さんの姉の方が子供2人の四人家族で，2～3年前に多摩市内に住宅を建てたそうです。奥さんの話では相当援助したようです。<br>等近況を話してくれた。 |
| 13：30 | 同町内の吉政工務店の60歳代の奥さんは，ニッセイ建設について<br>○　同時期に建設業を始めた方で，主人とは仕事仲間であり互いに助け合っていました。<br>○　ニッセイさんは良いときには2～3人の職人を使い景気良かった。3年前頃から会社は名ばかりでご主人は同じ町内のM建設会社で職人として働いたりしていました。<br>○　最近は余り親しい付き合いをしていませんので，現在の状況は分かりません。<br>等と同業者の近況を話した。 |
| 15：30 | 同町内のM建設に電話をし「ニッセイ建設を下請業者として使っていますか」と照会したところ，総務の男が応対し「ニッセイ建設は下請業者で使っていません。長期工事で職人が足りない際，日田さんにしばらく働いてもらいましたが現在は働いていません」との返答であった。 |

調査結果

1　対象者の経営する「ニッセイ建設」は2～3年前から会社として建設工事や営業活動はしていない。

2　行動調査の結果，対象者（社長）は現在府中市内のP会社の職人として焼肉店改装工事の職人として働いているのを確認した。

3　近隣・同業者の聞込み調査でも対象者は，以前から他の建設業者の職人として働いており，妻もパートで掃除婦として働いていることが判明している。

4　２年位前に娘夫婦が住宅を新築した際，対象者が相当な援助したとの話があり，依頼者から建売住宅資金として多額の融資を受けた時期と符合する。

### (3) 売却土地・建売住宅に関する実態調査と関係者の聞込み調査

実施日　平成 X0 年９月 16 日

#### ①　建築現場の調査

依頼者が売却し対象者が建売住宅を建築したとする現地に赴きました。現場はJR 中央本線「藤野駅」手前の陣馬街道（国道 522 号線）を陣馬高原方向に向かい，トンネルを通り抜けて直ぐに右折し，約４～500m 進んだ山間の林に囲まれた 10 軒程の集落でした。その一角にある雑木林の麓の，広々とした庭の奥に灰色スレート屋根木造平屋の古びた家屋を確認しました。建物は雨戸が閉められ空き家状態でした。

敷地は広く雑木林側に数本の樹木があるだけで，庭は広く雑草が生えており，移転する前の山野久雄の家屋が解体されず現存していました。

売却代金に充てるためと依頼者に約束していた前居住者の家屋解体事実も，「杉田邸建売住宅」の建築工事の形跡も認められず，約束は架空のものと思料されました。

② 近隣関係者の聞込み調査

| 時間 | 聞込み内容 |
|---|---|
| 10：10 | 売却土地から約500m移動し，元地主宅を訪問し70歳代の主人に会い売却の経緯と現状について聞いたところ<br>○ 土地は山野さんが家を建てるというので貸していたものです。3年前の4月に山野さんが牧野に移転した後，一時的に日野のニッセイ建設さんに管理を頼みました。<br>○ ニッセイ建設の日田さんは，山野さんの知り合いで小屋の工事等を頼んでいます。山野さんの移転後3か月程してニッセイ建設に700万円で売却しましたが移転登記はしていません。<br>○ ニッセイ建設はその後，東京の安藤（依頼者）さんに売却し，私と土地所有権移転登記をしています。<br>○ 東京の方が幾らで買ったか知りませんが，ニッセイ建設は相当高く売ったようです。移転した山野さんの建物を解体した跡に作業所を建設するとの話でした。<br>○ その後のことはよく分かりません。その土地は，現在も山野さんが住んでいた当時のままで，解体工事も住宅建設工事も行われていません。<br>等の話であった。 |
| 13：20 | 依頼者の夫と趣味仲間でニッセイ建設を紹介し緑区牧野に移転した山野久雄宅に赴き60代の当人に話を聞いたところ<br>○ ニッセイ建設社長の日田さんとは，20年前に藤野の建築工事の現場で一緒になり，それ以降趣味仲間としても親しく付き合っていました。しかし，安藤(依頼者の夫)さんを紹介し牧野に引越をしてからは全く交流がなくなりました。<br>○ 牧野に引越をする数か月前に，プラモデルの創作家で趣味仲間でもある安藤さんに会った際，作業所の建設用地を探していることを聞き「今の住まいは借地で地主が売却を希望している」 |

| | |
|---|---|
| | と話したことが発端ですので責任を感じています。<br>○　当時はニッセイ建設の日田さんを信頼し，地主とも面識があるので紹介しました。<br>○　牧野に移ってからは，２人とは会っておりません。安藤（主人）さんからは何回か電話があり，ある程度の事情は聴いております。<br>○　ニッセイ建設の日田さんが私の友人を騙すような人だとは思いもよりませんでした。<br>等について話してくれた。 |

調査結果

1　依頼者が売却した土地の現地を調査した結果，緑区牧野に転居した山野久雄の家屋が解体されずそのまま現存し，対象者が依頼者から建築資材購入資金等の融資を受けて工事を行った形跡がないことを確認しました。

2　元の地権者への聞込みでは，当該土地はニッセイ建設に 700 万円で売却しており，ニッセイ建設が依頼者に売却した時点で所有権移転登記を行っていました。

3　元の地権者の自宅と売却土地は近くでした。山野久雄が移転した後に現地に何回となく散歩がてら来ているが，解体工事も建築工事も行われた事実はありませんでした。

4　対象者が，建売住宅売却代金で支払うと約束した「杉田邸建売住宅」の「建築確認申請書」は，相模原市役所建築審査課に申請した事実がありませんでした。依頼者に説明した建築工事計画は全く架空のものであることが確認できたのです。

5　依頼者は，当該土地家屋が平成 X9 年 12 月に東京都江東区居の居住者に所有権移転登記が行われていることを知らされていませんでした。

6　対象者の「ニッセイ建設」は，現在は会社としての企業活動をしていません。対象者も他の建設業者の職人として働いており，土地売却代金及び融資を受けた債務の返済意思のない行動は，当初からのものと認められました。

## 8　相談者への報告

依頼者には，当事務所で報告書を手渡し，前記調査結果の内容を説明した後，次の２点について助言をしました。

① 調査の結果，詐欺事件と認められるので地元警察署に相談するべきです。

その際は，地元警察署刑事課に当事務所の調査報告書及び「経緯一覧表」と「建築工事計画書」「契約書」等一連の添付資料を持参して向かえば，警察の対応処理が迅速に行われると思われます。

② 土地売却代金と建築資器材購入資金等として融資した総額 2,600 万円が債権です。

対象者の土地建物は，銀行の抵当権が設定され借財で破産状態にあると思料されるので返済される可能性は極めて低いです。債権回収は，当事務所が紹介した弁護士に引き続き相談することもできます。

### ※後日談

#### (1) 弁護士同伴で対象者宅を訪問し債務返済を督促

平成 X0 年 10 月に当事務所の紹介弁護士と依頼者が，対象者の会社事務所(住居) を訪問し面談して債務返済を要求しました。対象者は「流用してしまった。流用先は言えない」と繰り返し言うだけで逃げの対応に終始し，返還方法を話し合うことができませんでした。

その後，対象者が警察に詐欺罪で逮捕された際に，勾留中の対象者に弁護士が面会し「出所後には，夫婦で働いて必ず返済することを確約します」との誓約書を依頼者と弁護士宛に提出させています。

（2）警察署に詐欺事件として相談

依頼者が地元警察署刑事課に関係資料を持参し相談に行ったところ，依頼者の話と裏付け資料等を確認し，即日対象者を犯人とする詐欺事件の被害届を提出しました。

対象者は約３か月後に詐欺罪で逮捕・起訴され，その後の裁判で懲役３年の刑が確定しました。

※コメント

本相談事例は，裕福な夫婦が趣味仲間からの紹介ということで，破産状態にある建設業者を全面的に信頼した結果招いた不幸な事案でした。対象者を紹介された初期段階で調査業協会の調査業者に企業信用調査を依頼していれば被害を未然に防止できた残念な事案でした。

探偵社や調査事業者の調査活動により収集した情報・資料等が警察の事件捜査や弁護士を代理人に選任した裁判や紛争事案の処理等に役立つ事例は少なくありません。

探偵業法が施行されて10年を経過しています。その間，調査業協会会員事業所は，警察や弁護士等の専門家から依頼される業務も増えています。この事実をもってしても探偵業の評価は高くなっていると言えるのではないでしょうか。今後，調査能力を一層高め，相談者・依頼者の不安解消や懸案事項解決の一翼を担うために，法令を遵守し，探偵・調査員としての資質・調査技能の向上に努めていきたいと思います。

# 市原健二氏の居所調査

本件は韓国の民間調査協会である「PIA」の会長から委託された調査事例です。

## 1　調査概要

本件は，日本に住む「市原健二」(仮名) という人物の現在の住所および連絡先を調査し，韓国在住の「市原健二の実母方の親族」が，市原氏本人に直接連絡することへの承諾を得てほしいという依頼内容でした。

韓国に住む親族から PIA 会長 (大韓民国の民間調査協会) を通して伝えられた基本情報は，市原健二の過去の住所と，現在は不通になった携帯の電話番号だけでした。

## 2　調査依頼者

名称　大韓民国民間調査協会「PIA」
所在地　서울 종로구 우정국로 39 우정에쉐르 3 층 전관
電話　027－775－0073

## 3　調査対象者

氏　名　市原健二 (仮名)
前住所　神奈川県川崎市中原区霜月 00-00　ザ・ハウス 401 号室
前携帯電話　080－330－0000

## 4　調査依頼の内容

(1) 調査対象者の現住所
(2) 調査対象者の連絡先

(3) 調査対象者に韓国の親族が連絡することへの許諾

## 5 調査項目

### (1) 前住所における現地確認および聞込み調査

調査対象者「市原健二」(以下，市原氏と称す) の過去の居住地である「神奈川県川崎市中原区霜月 00－00　ザ・ハウス 401 号室」における現地確認調査，および同マンション住民から聞込み調査を実施した結果，以下の情報が得られました。

＜確認情報＞

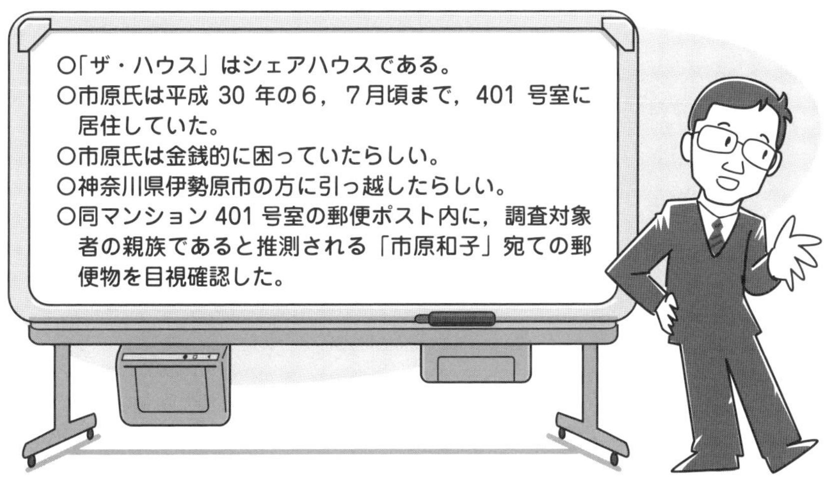

○「ザ・ハウス」はシェアハウスである。
○市原氏は平成 30 年の6，7月頃まで，401 号室に居住していた。
○市原氏は金銭的に困っていたらしい。
○神奈川県伊勢原市の方に引っ越したらしい。
○同マンション 401 号室の郵便ポスト内に，調査対象者の親族であると推測される「市原和子」宛ての郵便物を目視確認した。

### (2)「市原氏」本人への電話聞込み調査

(1) 市原氏の過去の居住地で現地確認調査を実施しました。その後，当日の 19 時 30 分ごろ，市原氏本人から弊社に電話が寄せられました。経緯を確認したところ，弊社調査員が聞込みをした際に，当シェアハウスの住民に渡した名刺から弊社電話番号を聞き，市原氏が確認の電話をかけてきたとのことでした。市原氏は，シェアハウスの住人から「自分を探している者がいる」と聞き，事情を確認するために電話をかけてきたのでした。市原氏からの電話に応対した

調査員が電話にて確認したところ，以下の内容が確認できました。

＜確認情報＞

○３年前に韓国出身の実母「孫美英」は他界している。
○実母の弟（市原氏の叔父）である「ソン　ウォンビン氏」とは７年前に一度会っているが，実母が他界してからは交流がない。
○市原氏の父親は（現在，自宅にて病気療養中）何十年も韓国の実母の親戚との交流を拒絶してきた。
○以前居住していたシェアハウスの郵便ポスト内にあった郵便物の宛名である「市原和子」は，市原氏の養母（実父の後妻）である。
○現在，市原氏は結婚しており，子供もいる。
○市原氏本人も韓国の実母の親族とは，実母が他界してからは交流がない。にもかかわらず，親族が自分との面会を求める理由がはっきりしない。そのため，現在の住所を叔父に伝えることは心配だが，市原氏個人の携帯電話であれば，親族からの連絡を受けても構わない。
○市原氏本人は，韓国語が一切わからない。
○国際電話等が必要な場合は，自分は費用の負担がかからない方法でお願いしたい。

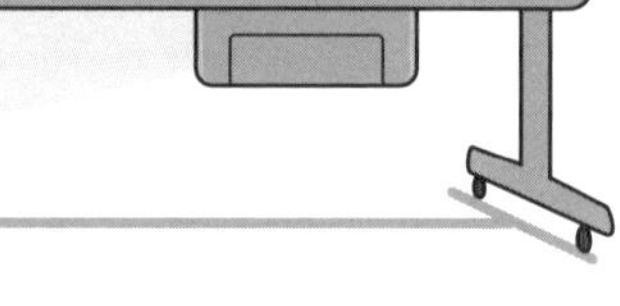

### (3) 市原氏本人との面談調査

聞込み調査を実施した日から６日後のことでした。市原氏本人から電話が入り，弊社調査員と面会したいとのことでした。市原氏との話合いの結果，面会の日時・場所を決めました。

約束の日の 20 時 40 分，JR 新宿駅近くの喫茶店「クローバー」前にて，市原氏と待合わせをしました。初対面であるため，当日の市原氏の服装・目印を事前に確認したところ，以下のとおりでした。

＜確認内容＞

約束の時間から５分遅れで市原氏が約束場所に到着しました。喫茶店「クローバー」出入口前にて合流して，店内のテーブル席にて調査の経緯等を説明しました。

市原氏は，特に警戒する様子もなく今までの事情や経緯を話したため，和やかな雰囲気で，以下の内容を確認することができました。

<確認内容>

○市原氏の父の旧姓が「児玉」である。(弊社とは縁を感じた)
○市原氏の父は現在「市原雄二」と名乗っている。
○市原氏の父は，前妻である「孫美英」との離婚後は生活が苦しく，精神的にも落ち込んで病気を患っていた。その後，養母「市原和子」と知り合い，同居するようになって体調も回復し，元気に過ごしていた。市原氏本人は実父が再婚してからの20年間，養母からは本当の息子のように育てられた。
○市原氏自身もかつては定職もなく，借金を重ね苦しい時期もあった。
○以前は川崎市役所で公務員として勤務していたが，仕事がつまらなくて転職し，現在は「株式会社 トラストエージェエンシー」(東京都渋谷区代々木2－20－0)というIT系の会社に勤務し，生活も安定している。
○実母方の叔父「ソン　ウォンビン氏」に関しては，7年前に会った際は，日本語で会話した記憶がある。「ソン　ウォンビン氏」は，婚約者ができたとの理由で韓国に帰ったと聞いていた。以前，市原氏のメールアドレスを叔父に伝えたが，以後メールもなくLINEも繋がっていない。

依頼者の「ソン　ウォンビン氏」が市原氏本人に連絡をしてもかまわないかと当方が尋ねると，市原氏は以下のように回答しました。

<回答内容>

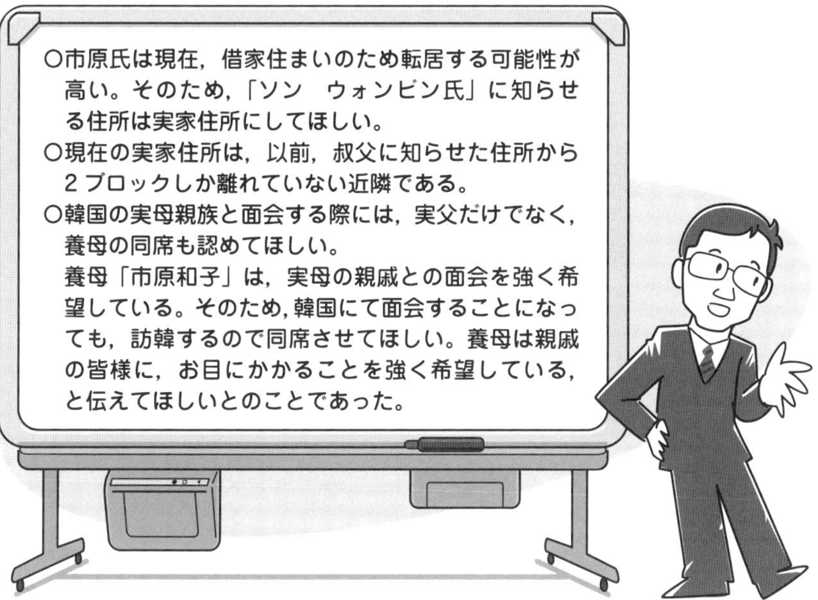

○市原氏は現在，借家住まいのため転居する可能性が高い。そのため，「ソン　ウォンビン氏」に知らせる住所は実家住所にしてほしい。
○現在の実家住所は，以前，叔父に知らせた住所から２ブロックしか離れていない近隣である。
○韓国の実母親族と面会する際には，実父だけでなく，養母の同席も認めてほしい。
養母「市原和子」は，実母の親戚との面会を強く希望している。そのため,韓国にて面会することになっても，訪韓するので同席させてほしい。養母は親戚の皆様に，お目にかかることを強く希望している，と伝えてほしいとのことであった。

## ５　結果

約１時間程の面談調査により，市原氏は韓国にいる親族が連絡することを許諾しました。そして下記の実家住所と本人のメールアドレスを伝えました。

記

実家住所：神奈川県横浜市伊勢崎町○－○－○

ラポール横浜市伊勢崎町 605 号

本人携帯番号：080-7513－0000

本人メールアドレス：○○○○2014@○○○○○.com

後日，依頼者である韓国の PIA 会長から，市原氏が父，養母と共に，来日した韓国の依頼者と無事に面会したとの報告を受けました。

追記

本件は調査過程で弊社の存在を明らかにすることが許されていたために，調査対象者本人から直接連絡を受けることができましたが，今回の調査が成功した最大の要因は，調査員の聞込みの「質」（対応）であると思われます。

もし，調査対象者の前住居であるシェアハウスの住人での聞込み調査の際，弊社の調査員が不審感を抱かれたら，本人が弊社に直接連絡することはなかったと思われます。

また，調査対象者から電話を受けた際に，応答した調査員が安心感を与え，信頼されていなければ，市原氏本人との面談調査には至らなかったと思われます。面談調査時も同様です。

「聞込み調査」において重要なことは，質問方法等の技術的な要素ももちろん必要不可欠ですが，なにより重要なことは，調査対象者に話しやすい雰囲気を作り，信頼されることです。

平成 15 年以降の「個人情報保護法」制定により，聞込み調査による情報収集の難易度は格段に高くなりました。調査員が話を聞いてもらえるかどうかは「この人なら話しても大丈夫」と信頼されることが重要な要素です。年々，情報管理の保護傾向が強固になるなか，探偵はより柔軟に対処し，調査時に人々から信頼される必要があります。最新の調査機械の導入・IT 技術の高度化も重要ですが，本当に大事な点は探偵自身の人間としての魅力ではないでしょうか。実は「人間力」が問われる時代になっているのかもしれません。

<資　料>

## 探偵業務取扱者認定試験（会場：東京都）について

・探偵業者に対し試験という形式で知識を問うものであり，探偵業者が消費者保護および人権擁護という目的を達成するため，その業務遂行上，最低限必要な知識を網羅し問うものである。

・内容は平成19年5月9日警察庁丙生企発第22号通達「探偵業の業務の適正化に関する法律等の解釈運用基準について」を援用し，以て設問を設置するものである。

**主な受験者・受験資格**　新入調査会社社員・一般，特に受験資格はない

**開催日時**　毎年2回　5月第4木曜日・11月第3木曜日　午後開始

**実施会場**　（一社）日本調査業協会　4階　会議室

※試験会場は「（一社）日本調査業協会」東京都 の1会場となります。

**講習・試験時間**

■120分の講習

■100分の試験時間40問，5択方式

■第1回との整合性を鑑み試験内容を統一する

※第1回の受講者の声を反映し，試験時間30分を過ぎれば退場できる。

※実施スケジュールに関しては

>>http://www.nittyokyo.or.jp/nintei/jishiyoko.htm をご確認ください。

出題範囲

【法令に関する事項】

・探偵業法（同法に関しては全般的に習熟する必要がある）
・憲法（憲法基礎，人権についての概略的知識）
・民法（民法基礎，民法総則・契約についての基本知識）
・刑法（刑法基礎，探偵業務に関連する法令についての基本知識）
・消費者契約法（総則・消費者契約の基礎知識）
・個人情報保護法（総則・個人情報取扱い事業者の義務に関する基礎知識）
・その他（一般教養，刑事訴訟法，軽犯罪法，ストーカー規制法，DV 防止法，特定商取引法，尾行の基本等）

## 探偵業務取扱主任者認定試験（会場：東京都）について

また，上位資格として「探偵業務取扱主任者認定試験」がある。この試験は調査業会社で経験を積んだ調査員を対象としたもので，より専門性が高い調査員を認定する試験となっている。

受験資格　日本調査業協会が主催する研修会に参加し，「探偵業務取扱者認定試験」合格者である者が受験可能
実施内容　探偵業務取扱主任者
開催日時　毎年２回　５月第４木曜日・11 月第３木曜日　午前開始
実施会場　（一社）日本調査業協会　４階　会議室
※試験会場は「（一社）日本調査業協会」 東京都 の１会場となります。
※実施スケジュールに関しては
>>http://www.nittyokyo.or.jp/nintei/jishiyoko.htm をご確認ください。

## 探偵業法における諸規制と違反者に対する探偵業の業務の適正化に関する法律上の罰則

| 法律の条文 | 規制内容 | 違反を構成する行為 | 違反者を問われることとなる者の範囲 | 違反者に対する罰則 | 根拠条文 |
|---|---|---|---|---|---|
| 第４条第１項 | 営業の届出義務 | 無届けで営業を営んだ者 | 探偵業を営む者又はその従業者（法人の代表者若しくは従業者をいう。以下同じ。） | ６月以下の懲役又は30万円以下の罰金 | 第18条第１号 |
| 第４条第１項 | 営業の届出義務 | 届出書・添付書類に虚偽の記載をして提出した者 | 探偵業を営もうとする者又はその従業者 | 30万円以下の罰金 | 第19条第１号 |
| 第４条第２項 | 変更・廃止の届出義務 | 変更・廃止の届出をしなかった者 | 第４条第１項の届出をした者又はその従業者 | 30万円以下の罰金 | 第19条第２号 |
| 第４条第２項 | 変更・廃止の届出義務 | 変更・廃止の届出書・添付書類に虚偽の記載をして提出した者 | 第４条第１項の届出をした者又はその従業者 | 30万円以下の罰金 | 第19条第２号 |
| 第５条 | 名義貸しの禁止 | 自己の名義をもって，他人に探偵業を営ませた者 | 第４条第１項の届出をした者又はその従業者 | ６月以下の懲役又は30万円以下の罰金 | 第18条第２号 |
| 第８条第１項 | 重要事項の説明義務 | 契約しようとするときに，重要事項を記載した書面を交付しなかった者 | 探偵業者又はその従業者 | 30万円以下の罰金 | 第19条第３号 |
| 第８条第１項 | 重要事項の説明義務 | 必要事項の記載のない書面又は虚偽の事項を記載した書面を交付した者 | 探偵業者又はその従業者 | 30万円以下の罰金 | 第19条第３号 |
| 第８条第２項 | 契約内容を明らかにする書面の交付義務 | 契約を行ったときに，契約内容を明らかにした書面を交付しなかった者 | 探偵業者又はその従業者 | 30万円以下の罰金 | 第19条第３号 |
| 第８条第２項 | 契約内容を明らかにする書面の交付義務 | 必要事項の記載のない書面又は虚偽の事項を記載した書面を交付した者 | 探偵業者又はその従業者 | 30万円以下の罰金 | 第19条第３号 |
| 第12条第１項 | 従業者名簿の備え付け義務 | 従業者名簿を備え付けなかった者 | 探偵業者又はその従業者 | 30万円以下の罰金 | 第19条第４号 |

| 第12条第１項 | 従業者名簿の備え付け義務 | 従業者名簿に必要事項を記載せず，又は虚偽の事項を記載した者 | 探偵業者又はその従業者 | 30万円以下の罰金 | 第19条第４号 |
|---|---|---|---|---|---|
| 第13条第１項 | 報告・資料提出の求めに応じる義務 | 都道府県公安委員会による報告・資料提出の求めに応じなかった者 | 探偵業者又はその従業者 | 30万円以下の罰金 | 第19条第５号 |
| 第13条第１項 | 報告・資料提出の求めに応じる義務 | 報告・資料提出の求めに対し，虚偽の報告又は虚偽の資料を提出した者 | 探偵業者又はその従業者 | 30万円以下の罰金 | 第19条第５号 |
| 第13条第１項 | 立入検査に関する受忍義務 | 都道府県公安委員会による立入検査を拒み，妨げ，又は忌避した者 | 探偵業者又はその従業者 | 30万円以下の罰金 | 第19条第５号 |
| 第14条 | 指示処分を遵守する義務 | 都道府県公安委員会による指示に違反した者 | 探偵業者又はその従業者 | ６月以下の懲役又は30万円以下の罰金 | 第18条第３号 |
| 第15条第１項 | 営業停止命令を遵守する義務 | 都道府県公安委員会による営業停止命令に違反した者 | 探偵業者又はその従業者 | １年以下の懲役又は100万円以下の罰金 | 第17条 |
| 第15条第２項 | 営業廃止命令を遵守する義務 | 都道府県公安委員会による営業廃止命令に違反した者 | 探偵業を営む者又はその従業者 | １年以下の懲役又は100万円以下の罰金 | 第17条 |

## 倒産する会社の見分け方

### 1　会社の「倒産」の定義

（1）不渡りを2回出す（銀行取引停止）

（手形・小切手の決済ができない。事実上の倒産）

まれに2回出しているのに，現金を集め，何とかやっているところもある。

（2）法的整理

① 会社更生法申請→会社を生き返らせる

② 自己破産申請

③ 破産宣告→第三者が宣告する

④ 民事再生法申請

⑤ 特別清算申請等

（3）その他

① 事業の停止（事務所の閉鎖）

② 会社の解散

③ 廃業（後継者不在，経営者の高齢化，時代の変化など静かなる倒産）

### 2　倒産に至る理由（詐欺会社を除く）

（1）倒産の原因

① 資金的な行き詰まり

② さまざまなトラブル

③ 後継者不足

④ 事業意欲の減退（法律や制度が変わり，事業継続の魅力がなくなる）

（2）　引き金となる事象

① 不良債権の発生（取引先の倒産）

② 代金（売掛金）回収の遅れ

③ 取引上のトラブル（不良品の返品等，タカタ製エアバックの例）

④ 重要な役員（特に経理担当者の役員）の退職

⑤ 代表者の突然の死亡（日航機事故の場合，多数の会社例）→経営が混乱する

⑥ 後継者の育成を怠る（又はワンマン体質で，技術・情報の伝達がない）

⑦ 信用の失墜（雪印食品，ミートホープ事件の例）

⑧ 高利金融の利用（違法な金融会社に手を出す）

## 3　危ない会社の見分け方

(1) 借入金が多い会社（資金面の行き詰まり）

(2) 業績の悪化（決算数字の非公開），連続欠損，累損（赤字経営の体質）
今まで公開していたのに出さなくなる

(3) 資産が少ない（資金調達が難しい）

(4) 会社の内容が不透明（代表者や取引先の情報公開がない）

(5) 手形のジャンプ

(6) 給料の遅配（従業員のやる気を失わせるような行為）

(7) 本業外事業の進出（何かの事業に安易に手を出す）

(8) 代表者の浪費癖（豪華な車や女性関係の噂等，ドンブリ勘定）

(9) 社内が暗くなる（社員の活気がなくなる。文字どおり電気も暗くなる）

(10) ワンマン体質

## 4　取引してはいけない会社を知るには

### （1）情報の収集（調査）をする

① 会社，代表者の不動産調査（差押えや税金の滞納）

② 取引先の聞込み（取引額が減っていないか。未払いはないか）

③ 銀行の見解（聞込み）（銀行が回答しない会社は危ない）

④ 過去の不渡り事故歴の確認

⑤ 費用をかけて調査する（無料の情報やインターネット情報には限界がある）

(2) 危ない会社から身を守るには

① 現金取引

② 小額の取引

③ 経験を積む

## 5　倒産した会社の具体例

(1) 調査面談を引き延ばした会社（究極的な行き詰まり）

(2) 大正時代設立の老舗会社の倒産（社長の死亡保険と本社ビルの売却）

(3) 練馬の建設会社の倒産（外車の販売も経営）

(4) 毎年公開していた決算書を非公開にした会社

(5) 突然の会社閉鎖（金曜日の夜に荷物搬出）

## 6　詐欺会社の見分け方

(1) 会社登記の住所の移転が激しい

(2) 社名変更，営業目的変更，役員（特に代表者）変更がある

(3) 資本金が経営規模に比較して過大（見せかけ）

(4) 事務所（営業所）が豪華すぎる

(5) 主な取引先の見解（コメント）が取材できない

(6) 銀行の借入れ実績がない

(7) 代表者の自宅住所に居住の事実がない

(8) 役員の中に倒産歴・事故歴者がいる

(9) 事務所に責任者の存在がない（名刺を出さない）

(10) 警戒心が強い（社長名を聞くと過敏な反応を示す）

## 7　詐欺会社の実例

(1) 上場を目指す会社（３種類の決算書がある会社）

(2) 取込詐欺（食品・日用品・家電品が多い）

〈参考文献・参照資料〉

1 「平成 30 年における探偵業の概要」平成 28 年　警察庁生活安全局生活安全企画課
2 「探偵業者の届出状況の推移」平成 28 年　警察庁生活安全局生活安全企画課
3 (一社) 日本調査業協会「会 報」2018, №80
4 (一社) 東京都調査業協会「都調協だより」2020.10, №100
5 (一社) 日本調査業協会『探偵業法務実務講座』平成 20 年
6 (一社) 日本調査業協会「第１回　実務教育研修会『講義資料』」平成 31 年
7 葉梨 康弘著『探偵業法』平成 18 年　立花書房
8 児玉 道尚著『探偵社・興信所の選び方と頼み方 (改訂新版)』平成 15 年　自由国民社
9 児玉 道尚編著　『私立探偵　実務必携(一)　符牒隠語集』日本探偵協会
10 露木 まさひろ著『興信所』昭和 61 年　朝日新聞社
11 植草 宏一監修「探偵の探し方頼み方ガイド」主婦の友生活シリーズ　令和２年　主婦の友社

## おわりに

恩師である児玉道尚が児玉事務所を開設した昭和23年当時は，終戦後間もないころでした。当時，調査業という言葉もなく探偵業の実態を知っている方はほとんどいませんでした。それこそ探偵業といえば外国映画や小説の中でだけ知るフィクションの存在といっても過言ではありませんでした。そういった状況下で，児玉は手さぐりで日本に適した探偵術（調査技術）を開発し，調査業界の黎明期に業界の基礎を作り上げました。

かつて児玉はこう話していました。

「探偵は今や，あなたのイメージの中だけに存在するのではありません。ごく身近に存在しているし，困ったことがあったらいつでも相談に乗り，人知れず調査し対処してくれる存在なのです。本当の探偵というのは地味で，決して目立つこともなく，必ず依頼者の秘密を厳守して情報を集めるという使命感に満ちた専門家です。映画やテレビにでてくるかっこいい，そして，ものの見事に謎解きをしてしまう“名探偵”とは大違いなのです。」

何年たとうが，私は常に児玉の教えを忘れずにいました。と同時に，真摯に活動している「探偵」の仲間を知ってもらいたいという思いが，年々募ってきました。

〈故児玉の薫陶を受けた旧本社〉

〈実務必携書〉

ここでいう「広く知ってもらいたい」とは，調査業界は信用を失うような事件が起きてしまった際に，業界全体にマイナスイメージを抱かせる話題だけが取り上げられるということが多々ありました。真摯に調査業務に取り組んでいる仲間が多い業界なのに，皆が肩身の狭い思いをしていることが残念でなりません。そのような誤解が少しでも解ければとの思いから，本書の刊行を決意しました。

本書を通して探偵業界で働く仲間を理解していただければ，筆者としてこれ以上の喜びはありません。

本書の中で紹介している調査内容は，普段私どもが依頼者に報告する調査報告書を参考にしたフィクションです。

最後に，私の恩師である児玉道尚，並びに調査業界の発展と健全化に共に取り組まれてきた東京調査業協会・日本調査業協会の役員・会員の皆様，常日頃協力してくれている弊社社員，顧問の先生方，調査資料・情報収集にご協力いただいた調査業界の諸先輩，出版を快くお引き受けくださった中央経済社に改めて感謝を申し上げます。

本書を刊行できたのは皆様のお力添えがあったからです。本当にありがとうございました。

本書を通して「探偵業」についての理解が，より多くの人に深まることを願ってやみません。

令和３年２月

児玉総合情報事務所

代表取締役社長　**金澤　秀則**

訃報
本書執筆中の去る令和３年１月２日，前日本調査業協会会長　菊池秀美氏が鬼籍に入られました。最後まで業界の発展と将来を気遣われた人生でした。ここに菊池秀美氏のご厚情に深謝し，謹んでご冥福をお祈り致します。

## あとがき

ある飲み会で学生時代の仲間と飲んでいたときの話です。

仲間といっても大先輩から最近初めてお目にかかる後輩まで，年齢幅 50 歳はあろうかと思われる飲み会ですが。

今度自分が本を出すと発表すると「えー，金澤先輩が」との驚きの声が至る処から飛び出しました。「あの探偵社の社長さんになった先輩でしょー」と。母校とは畑違いの業界に進んだ自分に，皆が驚愕の様子。その程度のことではへこたれない性格なので，その本は自分が探偵業界を代表して出すものだと説明すると，またまた驚愕の声が（ただし，勧めてくださった方は，会長をはじめ数名の諸先輩だけですが。ここはぐっとこらえて)。

もとより，専門とは異業種に進み，さらに，卒業時から変わり者と思われていた自分ですから。ここは皆さんのお褒めの言葉を素直に喜んで（?）とりあえず書き進めてみることにしました。

どれほど大変な仕事になろうとはつゆ知らず。そのような調子で着手し実際に書き進めてみると，自分では分かっていたつもりが，いざ文章にしてみるとなかなかまとまらない。大変なことばかり。

あの事例はいつのことだったか。そもそもどのクライアントさんからのお話だったか。資料を探し，また読み返しながら細切れの記憶をつなぎ合わせる。あー，仕事をしていた方がどんなに楽だったか。後悔するやら途方に暮れるやら。仕事後の事務所で一人ぶつぶつ文句を言いながら書く始末です。

しかし，困ったときに頼りになるのが弊社の社員，そして顧問，同業界の大先輩。はたまた，協会仲間から会長のお手数まで煩わせるうち，何とかまとめることができました。どのような仕事も一人ではできず，皆様のお陰とつくづく感じた仕事でした。

ひとえに皆様の温かい叱咤，激励に支えられてなんとかこの本は刊行の運びとなりました。これからも同業界の諸先輩・皆様と協力・連携しながら難問に取り組もうと，決意を新たにする日々です。

さー，原稿もまとまったし。また飲み会に出かけようっと。

令和３年２月２日

金澤　秀則

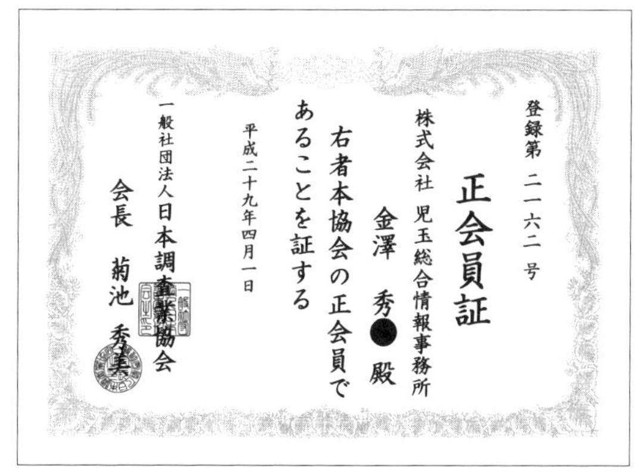

登録第　二一六二　号

正会員証

株式会社　児玉総合情報事務所
金澤　秀●　殿

右者本協会の正会員であることを証する

平成二十九年四月一日

一般社団法人日本調査業協会
会長　菊池　秀美

表彰状

金澤秀則殿

あなたは多年にわたり愛党の精神をもって党務に精励し党勢拡大に尽力せられたその功績はまことに顕著にして他の模範とするところである
よってここにこれを表彰する

平成二十九年十二月九日

自由民主党東京都支部連合会
会長　鴨下一郎

## ●監修者・事務所紹介●

㈱児玉総合情報事務所

### ●企業沿革

昭和 23 年　児玉道尚が『児玉探偵事務所』を創業

昭和 28 年　『日本探偵協会』を設立

昭和 44 年　『探偵警備士養成所』を新設

平成 3 年　創業者児玉道尚が，業界の啓蒙活動を始める。

平成 19 年　探偵業法施行に伴い，探偵業届出申請（第 30070179 号）を行い，事務所名を『㈱児玉総合情報事務所』に変更する。

平成 31 年　企業依頼事門サイト「フガクリサーチ」を新設

### ●所属団体

WAD（世界探偵協会会員）

（一般社団法人）日本調査業協会（第 2162 号）

（一般社団法人）東京都調査業協会

中野警察署中野防犯協会

### ●依頼者層

企業オーナー・企業　人事部・総務部等

エンタメ企業・芸能事務所

法律事務所・損害保険会社

個人事業主・一般個人

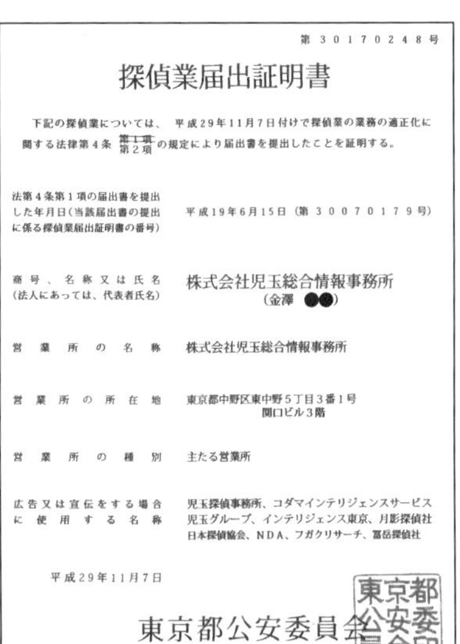

第 3 0 1 7 0 2 4 8 号

探偵業届出証明書

下記の探偵業については、平成29年11月7日付けで探偵業の業務の適正化に関する法律第4条 ~~第1項~~ 第2項 の規定により届出書を提出したことを証明する。

| | |
|---|---|
| 法第4条第1項の届出書を提出した年月日（当該届出書の提出に係る探偵業届出証明書の番号） | 平成19年6月15日（第 3 0 0 7 0 1 7 9 号） |
| 商号、名称又は氏名（法人にあっては、代表者氏名） | 株式会社児玉総合情報事務所<br>（金澤 ●●） |
| 営業所の名称 | 株式会社児玉総合情報事務所 |
| 営業所の所在地 | 東京都中野区東中野5丁目3番1号<br>関口ビル3階 |
| 営業所の種別 | 主たる営業所 |
| 広告又は宣伝をする場合に使用する名称 | 児玉探偵事務所、コダマインテリジェンスサービス<br>児玉グループ、インテリジェンス東京、月影探偵社<br>日本探偵協会、NDA、フガクリサーチ、冨岳探偵社 |

平成29年11月7日

東京都公安委員会

東京都公安委員会印

〈特別顧問 山田英雄〉

●主な業務内容

個人・団体・法人の信用調査
企業のリスク管理
反社会的勢力の対策　相談・実務処理
各種調査を軸とした　コンサルタント業務
刑事及び民事裁判資料の証拠収集

●所在地

東京都中野区東中野５－３－１　関口ビル３F
TEL03-3365-0015　Fax03-3365-1750

http://www.kodama-group.jp

http://fugaku.info

E-mail：info@kodama-group.jp

●著者紹介●

**金澤　秀則**（かなざわ　ひでのり）

静岡県生まれ。

平成25年，㈱児玉総合情報事務所　代表取締役となる。現在，東京都調査業協会，日本調査業協会の各専門員，理事の要職を務め，業界のコンプライアンス強化に取り組んでいる。一方で，事務所代表として多くの業務をこなし，多忙な日々を過ごしている。

こんなにおもしろい

**探偵業の仕事**

2018年4月10日　第1版第1刷発行
2021年3月20日　改訂改題第1刷発行

監　修　㈱児玉総合情報事務所
著　者　金　澤　秀　則
発行者　山　本　継
発行所　㈱中央経済社
発売元　㈱中央経済グループパブリッシング

〒101-0051　東京都千代田区神田神保町1-31-2
電　話　03（3293）3371（編集代表）
03（3293）3381（営業代表）
https://www.chuokeizai.co.jp
製　版／㈲イー・アール・シー
印　刷／三英印刷㈱
製　本／㈲井上製本所



ISBN 978-4-502-37381-7　C2334